绿色物流案例

章　竟　汝宜红　编著

北京交通大学出版社
·北京·

内 容 简 介

本书根据我国物流发展的实际，综合多年的绿色物流课程的教学实践，借鉴国内外相似学科的教学经验，重点吸收了北京交通大学师生绿色物流实习实践方面的优秀成果，将它们转换成案例的形式奉献给大家。全书共分 10 章，前 2 章介绍了绿色物流、绿色物流系统、绿色物流人才等的基础理论；第 3～10 章先是简单地介绍理论概述和背景，然后将师生们的成果报告设计成案例，最后提出思考的问题。

本书适合物流管理专业的本科生和研究生作为教材或课外阅读材料。

图书在版编目（CIP）数据

绿色物流案例 / 章竟，汝宜红编著. —北京：北京交通大学出版社，2019.9
ISBN 978-7-5121-4116-2

Ⅰ. ① 绿… Ⅱ. ① 章… ② 汝… Ⅲ. ① 物流管理–无污染技术–案例–中国
Ⅳ. ① F259.22

中国版本图书馆 CIP 数据核字（2019）第 280535 号

绿色物流案例
LÜSE WULIU ANLI

责任编辑：田秀青

出版发行：北京交通大学出版社　　　　　　电话：010–51686414　　http://www.bjtup.com.cn
地　　址：北京市海淀区高梁桥斜街 44 号　　邮编：100044
印　刷　者：北京鑫海金澳胶印有限公司
经　　销：全国新华书店
开　　本：185 mm×260 mm　　印张：9.25　　字数：236 千字
版　　次：2019 年 9 月第 1 版　　2019 年 9 月第 1 次印刷
书　　号：ISBN 978–7–5121–4116–2/F·1930
印　　数：1～1 500 册　　定价：29.00 元

本书如有质量问题，请向北京交通大学出版社质监组反映。对您的意见和批评，我们表示欢迎和感谢。
投诉电话：010-51686043，51686008；传真：010-62225406；E-mail：press@bjtu.edu.cn。

前　言

现代物流业的高速发展给人们带来了契机和挑战。物流活动的频繁以及物流管理的变革，会增加燃油消耗、加重空气污染和废弃物污染、浪费资源、引起城市交通堵塞等，乃至对社会经济的可持续发展产生消极影响。因此，未来物流业发展要真正做到绿色化，就必须从理论和实践两个方面，对其运营与发展模式进行改善。绿色物流是环境管理和物流管理的结合，已经形成一定的理论体系。但绿色物流的实践方面，与单纯的物流方面或环保方面的实践相比较，仍然是很缺乏的。

大部分高校环境教育课程都是建立在学生实践活动基础上的，绿色物流也不例外。绿色物流作为环境管理类和物流学科的交叉学科，更应当重视实践活动。只有让学生积极参与到广泛的绿色物流学习活动、企业物流与环保活动、社区环境建设中，动手、动口、动脑，这样才能达到理论与实际相结合的目的。本书根据我国物流业发展的实际，结合多年的绿色物流课程的教学实践，借鉴国内外相似学科的教学经验，重点吸收了北京交通大学师生绿色物流实习实践方面的优秀成果，这些成果有教师的，也有研究生和本科生的，将它们转换成案例的形式奉献给大家。

通过案例教学，使学生能够处在具体情境中发现问题，调动自身所学知识和潜能来分析问题和解决问题。本书的案例根植于企业和社会绿色物流的实践，可以使学生了解物流活动所带来的环境问题和其环境管理的背景，对案例的研究思路、方法进行思索和探讨，从而加深理论知识的理解和运用，丰富自身的绿色物流实践经验。

本书力求为读者打开一扇绿色物流实践活动的新领域之窗，内容深入浅出，保持基础性、时代性和原创性的特点，具有一定的理论和实践价值。全书共分10章，前2章介绍了绿色物流、绿色物流系统、绿色物流人才等基础理论；第3～10章先是简单地介绍理论概述和背景，然后将师生们的成果报告设计成案例，最后提出思考的问题。

本书编写具体分工如下：

第一章由章竞、汝宜红编写，第二章由章竞编写，第三章由陈楚月、华国伟、罗娟、田源、孙翀、章竞编写，第四章由陈伟、卞文良编写，第五章由章竞编写，第六章由刘世伟、汝宜红、章竟、宋良也编写，第七章由于敏、汝宜红编写，第八章由李蕊、穆东编写，第九章由郑凯编写，第十章由郑展智、汝宜红，张宁、谢淑玉、唐家欣、章竟编写。

在本书写作的过程中，作者参阅了国内外专家学者的著作和研究成果，还参阅了报刊和专业网站等的资料。谨向这些作者表示深深的谢意。

本书内容有待不断完善，作者水平有限，疏漏之处在所难免，欢迎广大专家和读者批评指正。

作　者

2019 年 6 月

目　录

第1章　绿色物流概述

1.1　绿色物流的产生与发展

1.1.1　绿色物流的概念

绿色物流是20世纪90年代中期才被提出的新概念。正如其他绿色运动一样，目前还没有完全成熟的定义。但是在国际上，绿色物流已作为继绿色制造、绿色消费之后的又一个新的绿色热点，受到广泛的关注。在由A. M. 布鲁尔、K. J. 巴顿和D. A. 亨舍尔合著的《供应链管理和物流手册》一书中，认为由"绿色（green）"和"物流（logistics）"组合在一起的"绿色物流（green logistics）"一词，代表着与环境相协调的高效运输配送系统。

在国内，随着加入WTO以来国际贸易的日益增多，国内企业不仅面临同类国际企业的产品质量竞争，还将面临有关的环境贸易壁垒。国内少数企业及学者已经在绿色生产、绿色包装、绿色流通、绿色物流方面进行了有意义的探索，认为绿色物流是指在运输、储存、包装、装卸、流通加工等物流活动中，采用先进的物流技术、物流设施，最大限度地降低对环境的污染，提高资源的利用率。

绿色物流是指，在物流过程中抑制物流对环境造成危害的同时，实现对物流环境的净化，使物流资源得到最充分利用。

绿色物流与一般物流存在以下差异。在总体上，绿色物流的目标不同于一般物流。一般物流主要是为了实现物流企业的盈利、满足顾客需求、扩大市场占有率等，这些目标最终仅是为了实现某一主体的经济利益。而绿色物流在实现经济利益目标之上，还追求节约资源、保护环境这一既具经济属性、又具有社会属性的目标。从宏观角度和长远利益看，节约资源、保护环境与经济利益的目标是一致的，但对某一特定的物流企业在特定时期内却可能存在矛盾。尽管如此，融合了环境保护理念的新型物流业必将发展和壮大。

1.1.2　产生背景

1. 绿色浪潮的兴起

随着经济和科技的发展，人们已经感受到前所未有的物质满足和便利，但是随之而来的环境问题，成为现今最大的副产品。只要有人类存在，就会有环境问题，只是由于人口的数量、科学技术的发达程度及人类对环境的认识不同，各个历史阶段的环境问题在范围、程度上都有区别。第二次世界大战至今，由于现代工农业生产和科学技术的迅猛发展，人类大规模地开发自然资源并大量排放生产和生活废弃物，人类在无节制地开发自然资源的同时，也受到生态环境的无情报复。这个时期环境污染的特点是由国内走向国际，在全球范围内，人与自然的严重对立，造成人口危机、粮食危机、能源危机、难民危机等各种全球性的问题，人类开始面临着一场生死攸关的挑战，环境恶化已对人类生存条件构成了现实和长远的、直接和间接的、局部的和全球化的威胁。

物种的灭绝，环境的污染，资源的枯竭，生态的失衡，这些都是近代人类活动的恶果。各种各样疾病的发病率不断上升，特别是放射性、化学药品诱发的癌症成为威胁人类健康安全的第一大疾病，另外，工业污染引起的环境公害事件不断发生。人们开始感觉到生活的世界越来越不安全，似乎危机四伏。蒸汽机、发电机等带来了工业革命，人类确实创造了许多值得自我欣赏的财富，殊不知人类为此付出了多么沉重的代价。世界各地的人们纷纷从痛苦中觉醒，人们对环境问题的认识从浅入深，从现象到本质，认为环境问题不仅是一个技术问题，而且也是一个社会经济问题。要解决这个问题，需要地球上每个公民做出努力。

人类觉醒之后，便掀起一阵又一阵"绿色浪潮"。保护环境的意识已深入人心，逐渐成为人们的生活方式和时尚。加拿大、法国、德国、美国等发达国家，保护环境的运动一个接着一个，保护环境的呼声一浪高过一浪，保护环境的组织如雨后春笋般破土而出。

1962 年，美国海洋生物学家蕾切尔·卡逊出版了著作《寂静的春天》（Silent Spring），第一次向世人展示了环境污染对人类的危害，引起巨大反响。世界环境保护运动，特别是美国的环境保护运动，正是由这本著作引爆，从此一发而不可收。1969 年，美国参议员尼尔森提议，在大学举办环境问题讲座，得到了广大学生们的响应。尼尔森同时提议以次年的 4 月 22 日为"地球日"，发动全国性的环保运动。1970 年 4 月 22 日，人类历史上第一次大规模的群众环境保护运动爆发。当日 2 000 多万美国人走向街头，集会、游行、宣讲，以多种多样的形式宣传环保的重要意义，人们发出呼吁，强烈要求政府采取有效措施保护环境。这次环保活动揭开了世界环境保护事业的序幕。

1972 年 6 月 5 日，在瑞典的斯德哥尔摩召开的联合国人类环境会议倡议将会议的开幕日定为"世界环境日"。自此，联合国环境计划署每年在世界环境日时发表"环境状况的年度报告"，提醒各国人们关注环境问题，共同谋求保护环境的途径。

1987 年，世界环境与发展委员会（WECD）提出了可持续发展（sustainable development）的报告——"我们共同的未来"。首次提出了"可持续发展"的定义。1992 年，在巴西的里约热内卢召开了联合国环境与发展会议，178 个国家的政府官员出席了此次会议，"可持续发展"思想成为会议的主题，贯穿于会议最后形成的三个纲领性文件（《里约宣言》《21世纪议程》和《森林持续利用原则声明》）和两个国际公约（《气候变化框架公约》《森林多样性公约》）之中，从此"可持续发展"成为最具有法律约束力的指导思想。

在此前后，一批国际绿色组织纷纷问世，展开了保护自然、保护环境、保护绿色的运动。像国际爱护野生动物基金会、国际自然保护联盟、地球观察、全球行动、地球之友、亚太环境交流等，它们在保护自然生态系统的各个领域发挥积极的作用，形成了浩浩荡荡的保护生态环境的绿色潮流。

世界政府间的环境保护工作也进入了崭新的时代。越来越多的国家设立了环境保护的政府机构，极大地促进了世界绿色运动。除了民间的绿色组织、政府的绿色组织外，还出现了以绿色为旗号的政党。世界上第一个以绿色为旗号的政党出现在澳大利亚。随后英国、德国、法国、西班牙等国的绿色政党相继成立。直到20世纪80年代，绿色政党才首次成为德国议会的议会党，紧接着成为欧洲议会的议会党，这才引起世人的广泛关注。1983年，德国绿色政党在德国议会选举中突破了5%的限额，正式宣告成为一个具有议会席位的政党。1989年，欧洲绿色政党在欧洲议会中获得了将近15%的选票，绿色政党进一步引人瞩目。

1971年，美国在太平洋附近的阿留申群岛进行核试验。一批来自加拿大温哥华的环境保护者乘坐"绿色和平"号船前去抗议，从此绿色和平组织登上世界环保舞台。人们云集美国首都，在总统府、国会等地举行声势浩大的集会，强烈抗议美国继续进行海洋、地下和空中核试验。他们的行动引起了全世界公众对于核试验对人类的危害的关注。如今，绿色和平组织仍然是世界反对核试验的主要民间组织，该组织先后在美国、英国、法国、俄罗斯、南非等20个国家设立了32个办事处，还在南极设立了自己的基地。作为世界性的环保组织，该组织从事的活动领域也大大扩展了，在反对核试验和主张裁军，建立无核区、无核海域，以及保护海洋动物资源等方面，都发挥着积极的作用。

进入21世纪以来，上述绿色组织以和平方式保护绿色，赢得了世界爱好和平、爱好绿色者的尊敬，成员越来越多，声势越来越浩大，显示出绿色和平的力量越来越强盛。尤其是近10年来，许多团体推动了大量的"低碳运动"。自此，"绿色"这一代表和平、生命和环境的字眼更加深入人心，深入人们生活的方方面面。

2. 绿色产业与绿色企业

在"绿色浪潮"中，首当其冲的便是建立绿色产业。绿色产业不是单纯的环保产业，也不单纯是绿化，它是指整个产业体系应以大绿色理念指导发展，符合大绿色思想。

绿色产业体系包含丰富的内容。广义来讲，绿色产业包括第一、第二、第三产业的全部；狭义来讲，包括粮食、畜牧、水产、果品、食品深加工、饮料、食品包装、无公害农业生产资料和人类其他生活用品等。国际上还将绿色产业称为"绿色产业工程"，成为一项融科技、环保、农业、林业、水利、食品加工、食品包装及有关行业为一体的宏大系统工程，属于高科技技术产业，发展前景十分广阔，是21世纪世界经济发展的必由之路。

绿色产业是在大绿色理论的指导下，以保护环境、恢复生态、节约资源为目标，以修复环境、重建环境为宗旨，对所有产业进行绿色规划、设计，在生产过程中尽可能地减少资源消耗，尽量减少对环境的污染。其生产经营过程应遵循以下原则：

（1）生产所用的原材料尽可能少地消耗自然资源或不消耗自然资源；

（2）原材料在采用过程中，对环境造成的污染尽可能地少或不造成污染；

（3）产品的生产过程或服务过程对环境不造成污染或尽可能地少；

（4）形成的产品在使用过程中不对环境造成污染或尽可能地少；

（5）形成的副产品或垃圾不对环境造成污染或尽可能地少；

（6）产品在消费中形成的垃圾少或其垃圾能进一步回收利用。

生态与经济协调发展的观念已深入人心。无论是生产者还是消费者，对产品的经营和企业的形象是否环保开始重视起来。这要求新一轮的企业经营者在注重经济效益的同时，注重社会效益和环境效益。因此，树立绿色企业的形象是现代企业的新的选择。

绿色企业主要由以下方面构成：

一是绿色企业理念。首先，树立为创造优质社会服务的企业理念，即不仅为社会提供优质的产品和服务，而且为人类的生存和发展保持和创造优质的自然生态环境和社会环境；其次，以绿色营销为理念，将消费者利益、企业利益和社会可持续利益有机结合在一起；再次，在企业发展目标中明确提出注重环境保护和资源的有效开发和利用；最后在企业的行动纲领、经营信条、标语、座右铭中要体现绿色理念。

二是绿色企业行为。包括"清洁生产"的生产过程，绿色产品的开发与制造，环境影响评价及环境规划、监控的实施，环保政策的实行，环境标准的认证等，目的是通过环保控制和科学管理，在节约资源和能源的前提下，使单位产品排出的各种废弃物最小化。

与绿色企业相配套的是绿色管理、绿色决策，绿色审计和绿色会计制度也在发达国家建立起来。各种经济手段都是为了企业的环保而实施的，如排污收费、排污权交易等，还有各种法律法规的颁布和强化。

从广义来讲，对企业来说，绿色还是一种文化，将绿色文化渗透到企业文化中，渗透到企业的品牌之中，这样不仅能传播绿色，而且能赢得消费者的青睐，增强企业的内在魅力，促进企业的长久发展。

3. 绿色消费与绿色营销

消费是生产的动力。绿色消费是节约资源、保护环境，维护生态平衡和可持续发展的消费形式。倡导绿色消费，就是要把消费引入正确的轨道，引入利于资源保护的轨道，让人们在分享资源给我们带来的利益的同时，不忘记保护环境和资源再生。绿色消费是世界潮流，在中国，人们虽有一些绿色意识，仍十分淡漠，但是一些名牌企业在努力打造自己的绿色产品，推行绿色消费。例如，海尔作为全球大型家电品牌，以创新模式打造绿色供需链，在技术方面，开发了省电 10% 的无霜三门冰箱和 50 dB 环保静音洗涤的海尔"芯变频"系列洗衣机等产品；在消费方面，引领中国家电企业绿色出口升级，也开启了全球家电绿色消费时代。绿色消费有利于资源保护和人民的身心健康，因此需要政府制定正确的政策来引导。

在全球性的绿色浪潮中，消费者明白了环境与身心健康的密切关系，逐渐形成了绿色观念，产生了对绿色营销和绿色产品的需求。绿色营销的前提是消费者绿色意识的觉醒，是以传统的市场营销为基础的，其内容包括四个层次：一是企业在选择生产商品及技术时，尽量减少商品不利于环保的因素；二是在商品消费与使用过程中，尽量设法降低或引导消费者降低对环境造成的负面影响；三是企业在产品设计和包装考虑时，努力降低残余物。因此，企业实施绿色营销，是符合消费者的绿色消费需求的，有利于降低成本，在竞争中获取差别优势，从而获取更多的市场机会，有助于提升企业的良好形象。从广义来讲，绿色营销不单是着眼于企业和市场，而强调在营销过程中注重地球生态环境的保护，注重全社会的全局利益，来促进宏观的社会经济和生态的协调发展。

绿色营销与传统营销相比，有了很大的不同。一是引入了"社会责任"，即企业在满足消费者的同时还应达到环保要求，承担社会责任。二是在充分满足消费者的同时提高消费质量，减少数量，以实现人类的可持续发展。三是营销策略的绿色化。营销策略组合更强调环保性，并贯穿在产品策略、价格策略、分销策略和促销策略等方面。四是具有市场差异性。各国、各地之间绿色消费需求、环境立法以及绿色标准制度存在较大的差异，导致了绿色营销具体实施过程的差异化。因此在绿色营销的实施过程中，会遇到的矛盾主要是企业的眼前利益与长远利益，以及企业自身的局部利益和消费者、社会全面利益的冲突。在将环境问题考虑进来后，营销过程中需要调整更多层面的关系。

4. 绿色浪潮下的绿色物流

绿色浪潮席卷全球，无论是经济方面还是社会方面，生产方面还是消费方面，政府方面还是普通民众方面，都在关注并参与环保，对绿色地球做出最后的承诺。但随着工业化和城市化的发展，城市污染源仍在扩大，严重的环境污染问题并没有明显的好转。污染不仅来源于生产方面，还来源于流通方面和消费方面。目前，在对于"白色污染""垃圾围城"等严重的环境问题，数量巨大、降解性能较差的商品销售包装是一个重要的形成原因，不合理的货物运输、物流模式则直接产生和加重大气污染。与物流和商流活动有关的这些环境问题不得不引起人们的关注。尤其在市场经济成为资源配置主要方式的今天，城市的整个社会经济基本建立在商品流通和市场交易的基础上。在这种现实背景下，仅仅强调"清洁生产"和"绿色消费"等还是不够的，"清洁生产、绿色流通、适度消费"才能构成一个完整的城市可持续发展体系。而"绿色物流"和"绿色商流"为两条主线，构筑出绿色流通体系的框架（如图1-1所示）。

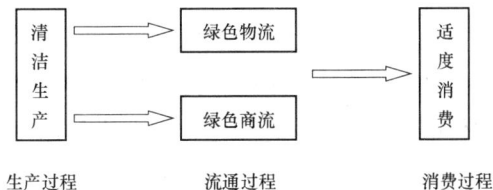

图1-1 城市可持续发展体系

物流活动与社会经济的发展相辅相成。一方面，现代物流是经济发展的支柱，另一方面，经济的发展又会引起物流总量的增加。物流活动的频繁以及物流管理的变革，会增加燃油消耗、加重空气污染和废弃物污染、浪费资源、引起城市交通堵塞等，乃至对社会经济的可持续发展产生了消极影响。因此，与其他行业和企业的生产经营活动一样，物流行业以及企业在运营过程中不可避免地对环境产生了负面影响，这些影响使企业内部和外部都蒙受损失。例如，货物运输工具所引起的大气污染和噪声污染，有毒有害、放射性物质对仓库环境的侵害，商品在包装时产生的包装污染，装卸搬运过程中产生的大气污染和水污染、流通加工过程中所排出的"三废"等，大量生产—大量流通—大量消费的经济系统会产生大量的废弃物，这些都会对经济社会和环境产生严重的负面影响，引起环境容量资源的枯竭和自然环境的恶化。

绿色物流起源于欧美。欧洲是引进"物流"概念较早的地区之一，而且也是较早将现代技术用于物流管理，提高物流绿色化的先锋。例如，在20世纪80年代欧洲就开始探索一种新的联盟型或合作式的物流新体系。美国经济高度发达，也是世界上最早发展物流业的国家之一。美国政府推行自由经济政策，其物流业务数量巨大，货运异常频繁，因而就决定了美国对绿色物流的更大关注。而在把物流业作为本国经济发展生命线的日本，从一开始就没有忽视物流绿色化的重要意义，除了在传统的防止交通事故、抑制道路沿线噪声和振动等方面加大政府部门的监管和控制作用外，还特别出台了实施物流发展具体目标的《新综合物流实施大纲》，其中，重点之一就是要减少大气污染排放，加强地球环境保护。我国物流业起步较晚，绿色物流还刚刚兴起，人们对它的认识还非常有限，在绿色物流的服务水平和研究方面还处于起步阶段。但从20世纪90年代后期，现代物流蓬勃发展的同时，为了完成物流现代化、自动化和绿色化的目标，构筑绿色物流发展的框架，做好绿色物流的政策性建设，强化绿色物流的管理，建立和完善绿色物流理论体系，已成为政府部门、企业和研究人员的新课题。

1.1.3　绿色物流在我国的发展

物流在发达国家或地区经历了不同的发展过程。我国物流业发展比较晚，绿色物流还处于起步阶段。欧美、日本是物流业发展较快，故其绿色物流在观念上、政策上和技术上相对我国来说，处于发达、完善的阶段。

1. 发达国家或地区绿色物流发展状况

1）良好的物流基础设施

发达国家或地区都已建立起庞大的铁路、公路、航空等运输网络。在实际物流活动中，采用MRP（物料需求计划）、JIT（准时制生产方式）等先进的物流管理技术、物流信息系统、电子数据交换技术、环保的绿色包装，从而推动了绿色生产、绿色销售、绿色消费一体化。为了满足物流国际化，服务形式多样化和快速反应的要求，互联网、条形码、卫星定位系统、无线电射频技术在物流领域中得到越来越广泛的应用。

2）绿色物流人才的培养

发达国家或地区在发展绿色物流的过程中，大力培养专业的管理人才、技术人才、懂管理又熟悉业务的经营人才。首先是大学内设置了与物流相关的学科，其次是企业及物流协会和学会开展物流职业教育，广泛深入各行各业。

3）合理的绿色管理机制

绿色物流发展得到政府强力支持。发达国家或地区在绿色物流发展的过程中，政府对本国的绿色物流发展做出规划和提出实施原则，以指导行业发展；在物流高度发展的经济社会环境下，政府不断地进行宏观政策的引导，鼓励企业运用绿色物流的全新理念，并且颁布促进绿色物流推进和发展的相应措施和标准对具体物流操作进行监控、协调和管理，有效地保护环境和促进绿色物流的发展。

2. 我国绿色物流发展状况

1）我国消费者和企业的绿色物流意识淡薄

虽然我国最近几年政府和企业在不断地加大环保建设，但是人们的环保意识还不够成熟，环保理念淡薄，导致人与自然的矛盾日益激化。例如，在海运方面，国家海洋局历时3年的调查表明，我国近海已有 20 万 km^2 受到污染，海水水质低于国家一类海水水质标准，对海洋渔业水域水质造成负面影响。在我国大部分滨海地区，水质劣于一类海水水质标准的区域扩展到距离海岸 10～30 km，而江苏、上海、浙江以及辽东湾沿岸，已扩展到距离海岸 120～200 km。

2）政府对绿色物流的发展缺少政策引导

物流的发展离不开强有力的政策保障，目前我国针对治理物流业环境污染的政策和法规还不是很多。制定和颁布这些环保政策或法规，既可以成为企业的压力，又可以为企业提供发展的机会，方便物流企业经营者进行分析研究，以便明确方向，克服障碍，推动绿色物流的顺利发展。借鉴发达国家的经验，政府应重视制定政策法规，在宏观上对绿色物流进行管理和控制。通过制定适合绿色物流产业发展机制的政策，对环保程度高的绿色物流企业进行鼓励和一定程度的扶持，鼓励传统物流企业进行改造和升级，严格控制物流活动的污染发生源，采取有效措施，从源头上控制物流企业发展所造成的环境污染。

3）技术落后，管理水平较低

现代信息技术的广泛应用，不仅直接促进了传统产业的快速发展和结构调整，而且使传统的物流活动成为一个新的专业化分工领域，形成从生产到消费的系统化的物流链条，实现了物流流程的优化和资源的合理配置，提高了全社会的流通效率和经济效益。但是我国目前物流信息管理水平和技术手段比较落后，先进物流信息技术开发应用滞后，缺乏必要的公共物流信息平台，已经成为制约我国物流发展的技术瓶颈。

此外，物流装备设施的先进与否直接关系到企业物流运作水平和经营成本的高低。发达国家物流不仅在物流基础设施建设方面投入较多，而且企业物流装备的现代化水平也发展到了相当高的程度。而我国物流装备水平较低，在一定程度上延缓了物流机械化和自动化水平的提高。

4）绿色物流的基础设施装备和技术落后

由于物流行业与运输、储存、包装、装卸、流通等基本环节有着紧密联系，对道路、码头、配送场所基础装备设施有着较高的要求。然而，我国的物流行业还未形成较好的规模，其基础设施建设还不完善，装备水平较低，配套性和兼容性也比较差，各种运输方式之间的标准不统一，造成了物流业的发展缓慢。而且，我国的绿色物流技术与发达国家有着一定程度的差距，特别是机械化和自动化水平的落后，使得物流效率大大降低。

3. 我国绿色物流的发展策略

1）要培养人们的绿色物流意识

绿色物流意识的培养包括经营者要有绿色营销的理念，在经营过程中展示绿色标志、提供绿色服务，同时要求消费者追求绿色消费，实现商品从生产者到消费者进而到最终的处理这整个生命周期过程的"绿色性"。

2）加快物流技术的发展

我国的物流规模小，第三方物流刚刚起步。在自动化方面，我国的非自动化或半自动化更是与绿色物流不相匹配；在机械化方面，我国的物流机械化程度和先进性与绿色物流要求相距甚远，有些设备能耗高、污染大。另外，利用现代互联互通的互联网＋技术，是实现物流资源共享，充分利用和优化物流资源，推动绿色物流管理创新的重要抓手，也是大幅度降低物流成本，实现节能降耗的关键。只有发展物流技术，并与环保技术相结合，才能与国际接轨，加速现代绿色物流的发展。

3）注重绿色物流的研究和绿色物流人才的重点培养

物流人才的缺乏已成为制约我国物流发展的瓶颈，而绿色物流作为新生事物，其人才方面的问题尤为突出。这需要各高校和科研机构，为国家有针对性地培养和输送更多合格的人才，尤其是绿色物流人才。

4）政府应全面引导，发挥积极作用

政府应尽快制定运输、包装等等方面污染防治的政策、法律和标准，以便对各类污染物排放量进行控制；政府还要起到管理和监督的作用，督促物流企业选择合理的运输方式及绿色包装等，鼓励发展现代化的物流中心，发展第三方物流企业等。此外，政府应积极倡导绿色消费，使生产者、流通者和消费者联手，做到绿色产供销一体化。

5）物流企业经营者应承担社会责任

物流企业要进行绿色管理，即企业对自身经营过程中的污染问题进行管理与控制，承担社会和环境责任，例如，提倡联合一贯制运输，削减总行车辆，开展共同配送等。

1.2　绿色物流系统

1.2.1　物流的开放系统

从一般系统论的角度考察，物流系统是一个开放系统，具有将输入转换为输出的功能，从而与经济、社会、自然环境发生物质与能量的交换；物流系统所完成的主要功能是物品在时间和空间上的转移，以及物品信息的传递；物流系统是由物流各功能要素所组成的，要素之间存在有机联系并具有使物流功能合理化的综合体。

大多数的有关物流书籍中，对物流系统都有如下定义：物流系统是在一定的时间和空间里，由所需位移的物资、包装设备、装卸搬运机械、运输工具、仓储设施、人员和通信联系等若干相互制约的动态要素所构成的具有特定功能的有机整体。物流系统的目的是实现物资的空间效益和时间效益，在保证社会再生产顺利进行的前提条件下，实现各种物流环节的合理衔接，并取得最佳的经济效益。物流系统是社会经济大系统的一个子系统或组成部分。

一般物流系统的结构如图1-2所示。

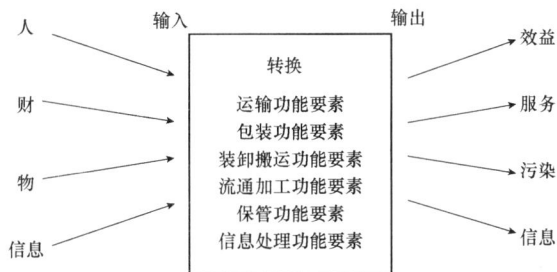

图1-2 一般物流系统结构

从图1-2可以看出，一般物流系统的运行需要大量的人力、财力、物力、信息投入，通过各项物流功能要素，在实现物流效益、服务、信息的同时，还会对环境产生污染。为了使物流系统在社会经济大系统中可持续发展，需要降低物流系统的物质消耗、减少环境污染。于是，实现物流系统的绿色管理，即绿色物流系统的实现，是十分必要的。

根据绿色物流的定义，绿色物流系统的实现也分为两个层次。在微观层次，绿色物流系统的实现需要从组织和过程两个方面来保障，其系统结构如图1-3所示。物流组织建立全面的环境管理体系，确保系统中所有环境行为都遵守特定的规范，系统的环境影响日益减少，呈现出良性循环的趋势。物流过程采用先进的绿色技术，诸如绿色包装、绿色运输等，确保物流活动的环境排放和能源消耗不断降低；同时以生命周期评价方法从整体上测度改善情况，监控系统的整体优化效果。

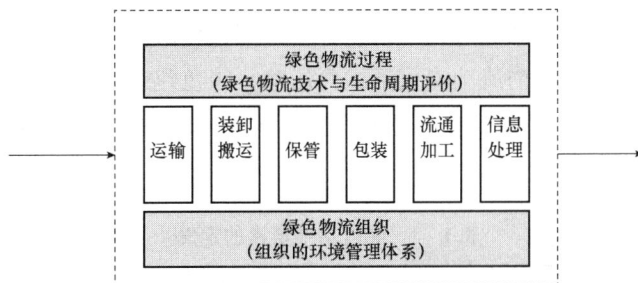

图1-3 微观绿色物流系统结构

在宏观层次，绿色物流系统体现了3R原则：减量化（reduce）、重用（reuse）、再循环（recycling），真正实现了以有效的物质循环为基础的物流活动与环境、经济、社会共同发

9

展,使社会发展过程中的废物量达到最少,并使废物实现资源化与无害化处理。一般物流系统通常在垃圾收集环节才进行物品的回收。绿色物流系统则在每两类物流环节之间就进行物品的回收、重用,整个物流循环系统由无数个小的循环系统组成,在完成一次大的物流循环之前,每个小循环系统已经工作了无数次,因此确保物流系统中的物质能得到最限度的利用。

宏观绿色物流系统的结构如图1-4所示。根据物流的服务对象,由供应物流、生产物流、销售物流、回收物流和废弃物流组成了一个闭环位于系统的中央,保障这个闭环能正常运转的外部条件包括绿色物流技术、物流环境影响评价标准和物流企业审核制度。绿色物流系统涉及了诸多学科的前沿,它的实现是一个复杂的系统工程。

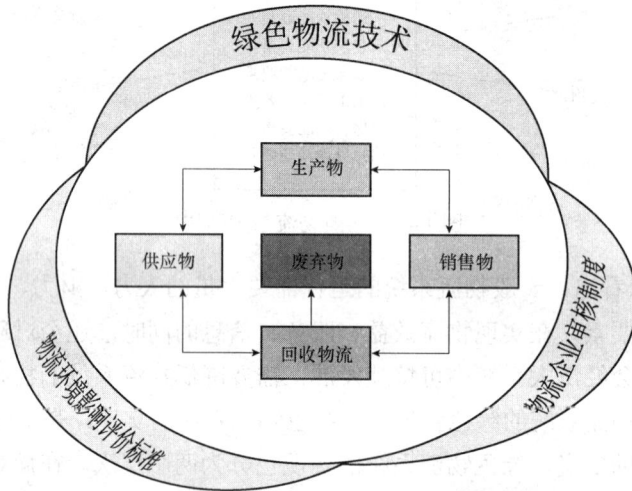

图1-4 宏观绿色物流系统结构

1.2.2 绿色物流子系统

如以上所述,宏观绿色物流系统,是根据物流业的服务对象,由供应物流、生产物流、销售物流和回收废弃物流组成的闭环循环系统。每个物流环节都离不开运输、储存、装卸搬运、包装、流通加工、信息处理几个功能。宏观绿色物流的管理和实施是通过物流业各项功能来发挥作用的。绿色物流功能包括绿色运输、绿色包装、绿色装卸与搬运、绿色流通加工等要素。表1-1是物流功能要素的定义,表1-2是绿色物流各子系统的污染控制方法及绿色物流政策相应的政策。

表1-1 物流功能要素的定义

物流功能要素	定 义
运输	用设备和工具,将物品从一地点向另一地点运送的物流活动。其中包括集货、分配、搬运、中转、装入、卸下、分散等一系列操作
装卸搬运	装卸:物品在指定地点以人力或机械装入运输设备或卸下。搬运:在同一场所内,对物品进行水平移动为主的物流作业

续表

物流功能要素	定　义
储存	对物品进行保存及对其数量、质量进行管理控制的活动
包装	为在流通过程中保护产品、方便储运、促进销售，按一定技术方法而采用的容器、材料及辅助物等的总体名称。也指为了达到上述目的而采用容器、材料和辅助物的过程中施加一定技术方法等的操作活动
流通加工	物品在从生产地到使用地的过程中，根据需要施加包装、分割、计量、分拣、刷标志、拴标签、组装等简单作业的总称
信息处理	在物流术语标准中没有信息处理的标准，仅对物流信息作了解释：反映物流各种活动内容的知识、资料、图像、数据、文件的总称

表1-2　绿色物流各子系统的污染控制方法及绿色物流政策

	污染控制方法	绿色物流的政策
绿色运输	控制设备的资源消耗，降低固定资产折旧；控制汽车尾气，制定排气标准，使用清洁燃料和绿色交通工具；降低噪声	交通源规制（交通污染源的管理）、交通量规制（货车管理、共同配送、减少交通量）、交通流管理（加强交通管制、道路设计合理化、减少堵塞）
绿色库存和保管	有毒化学品，放射性商品，易燃易爆商品的泄漏和污染防止	加强科学养护，采取日常的检查与防护措施，使仓库设备和人员少受侵蚀
绿色装卸搬运	在货物集散场地，尽量减少泄漏和损坏，杜绝粉尘、烟雾污染；清洗货车的废水要处理后排出	以防为主、防治结合。在货物集散地要采用防尘装置，制定最高允许浓度标准；废水应集中收集、处理和排放，加强现场的管理和监督
绿色包装	开展包装材料的回收和复用，废旧集装箱的回收和复用，实行绿色包装和包装无害化，实行适度包装、周转包装等	对包装废弃物进行分类、回收和处理，积极开发新型包装材料（易降解、易拆卸折叠）；节省包装资源，降低包装物成本；提高包装业效率
绿色流通加工	控制流通加工过程中的能耗及产生的污染，发展废旧物资的回收、加工和资源再生业，节约资源	积极发展回收物流，提高资源化技术，推进循环型社会的发展
物流企业管理	控制物流企业的日常能耗及污染，间接减少环境方面的费用	制订整个物流业的规划，强化企业的环境管理，提高职工的环保意识；推广 ISO 14000 系列标准的认证等

1.3　绿色物流学科背景与课程设置

1.3.1　绿色物流学科背景

物流学科现已成为一门综合学科，包含有管理学、工学、经济学等相关门类的理论知识。随着世界经济一体化、国际化、全球化，物流的外延在扩大，内涵也在丰富，已经不再是一个简单的仓储、运输或者是某个行业、某个部门的问题。要实现我国物流的现代化，物流人才的培养是关键，而物流人才的培养，实际上就是物流科学的教育问题。

1993 年以前，我国还没有以"物流"命名的物流专业，只有一些按物流环节设置或属于传统物流的物流类专业，如仓储运输管理铁路运输、交通运输管理、汽车运输工程、石油储运、包装工程等，其中大部分是为交通运输行业设置的，属工学门类下的交通运输类。1993 年根据国家教委新修订的大学本科专业目录，将"仓储、运输管理"等专业改为"物流管理"专业，招收物流管理专业的本科生；随后北京科技大学设立了"物流工程"专业，接着北京交通大学、郑州工程学院、华中科技大学等开办物流管理专业。截至 2017 年，610 所本科高校和近 2 000 所中职、高职院校开设了物流专业，物流专业在校生规模达 50 万人。物流相关学科的设置和发展为培养中高级物流管理人才奠定了坚实的基础。

由于现代物流的发展使得物流学科不断产生新的理论和实践，所以物流学科的课程也随之做出较大的调整和补充。随着物流信息化、自动化、全球化的发展，物流学科也在不断壮大，如设置了电子商务、供应链管理、现代物流管理、物流信息系统、国际物流等课程，以培养基础知识扎实、适应面宽的物流管理专业的学生。而物流的绿色化亦是物流未来发展的趋势，同样需要成熟的理论和丰富的实践管理，也同样需要环保型、高素质的物流人才，因此"绿色物流"的课程建设提到日程上来。

1.3.2 绿色物流课程设置

绿色物流学科的产生与发展，根植于环境科学和环境教育的基础理论知识。环境、环境问题、环境科学和环境教育是当前社会普遍关注的问题。随着生产力水平的提高、科技的突飞猛进以及人口的急剧膨胀，世界各国开始面临环境恶化的挑战，许多国家开始探索通过教育来谋求环境保护和改善，于是环境教育成为现代教育的一个新的领域，通过各种途径对全民进行环境教育，是使我国乃至全球保持生态、社会、经济可持续发展的重要保障系统之一。

环境教育课程是一门分学科课程，但在基础教育中，却是一门综合很强的课程。因此，对基础教育阶段环境教育课程形态和结构的研究主要有两种，一是单独设课，二是不单独设课，而是把环境教育渗透到各门课中。教师可以灵活掌握教学内容和活动形式，更有利于理论与实践的结合为培养环境保护专业人才打下基础。目前，第二种课程形态在高校中比较普遍，它是将环境教育和其他课程相结合，形成新的交叉型、综合型学科体系。

现阶段，对于物流本科专业的学生，学校为了让其充分了解物流领域的环境问题，推动物流的绿色化发展，特别设置了以下几种形式的课程。

一是在了解和掌握了物流学基础课程的理论后，让学生选修一些环境教育类型的课程，如环境学概论、环境管理、资源管理、生态经济学、可持续发展理论等，来充实自己的环保和绿色管理方面的理论。

二是在物流学和物流管理的课程中，专门设置一章的内容，来对绿色物流理论进行阐述，如绿色物流、低碳物流、绿色供应链、逆向物流等。

三是在了解和掌握物流学或物流管理理论后，另外设置选修课"绿色物流"，这样能够全面地对绿色物流、绿色供应链、绿色运输、绿色包装、逆向物流、废弃物物流等进行系统地阐述。通过学习，学生能够较完整地了解物流过程的污染问题，掌握一些环境管理和技术方面的方法，为成为生态型的物流人才打下基础。

　　以上第一种、第二种形式在高校课程中实施的比较多，学生虽然了解了环境方面的内容，但只是些许或局部。随着物流技术的进一步发展，物流领域的环境污染越来越严重，绿色物流的呼声也越来越高。因此，第三种形式即开设"绿色物流"这门系统化、综合性的课程是未来物流学科发展的趋势。"绿色物流"是物流学与环境管理科学、生态学、社会学、环境教育学等的交叉，具有学科交叉性、多目标性、多层次性、时域性和地域性等特点。而且，"绿色物流"课程还在不断地改革和完善之中。

第 2 章　绿色物流案例概述

2.1　物流案例研究的概念和种类

物流是物质资料从供给者到需求者的物理性运动和时间转换，主要创造时间价值、场所价值或一定的加工价值的经济活动。物流活动是运输、储存、包装、装卸搬运、流通加工、配送以及信息处理等功能的实施和管理过程。物流过程不仅有基础理论的支撑，还有实践性很强的物流活动；企业物流是生产和流通企业在经营活动中所发生的物流活动。

案例分析方法是 1870 年哈佛大学兰德尔院长开创的，他首次将案例分析方法引入法学教育，后又被引入医学和商学教育。案例分析不同于传统的教学方式，它是一种启发式、讨论式、互动式的教学形式，主要特点是将某一实际工作中的问题带入课题，将教学双方带到矛盾的冲突之中，力图将枯燥单调的理论变成解决实际问题的公开讨论，而从战略性理论总结出具体的操作性实践。案例分析教学的目的并非提供问题的答案，而是告诉学生解决问题的各种可能性方法。因此它是开发学生潜能的一种教学方式，能有效地调动每一个学生学习的积极性和创造性，从而达到更好的教学效果。

所谓案例，就是借助于文字、符号等对某一情景、状态所做的记录和描绘；管理案例，是对某一特定的管理情景的客观书面描述或介绍，它取决于企业内发生的一组事实，或一串对话、一些数据，提供一个或数个问题供学生思考；物流案例则是根据一定的教学目的的需要，对企事业物流或物流企业的管理实际状况进行调查研究，围绕着一个或数个物流管理问题对特定的管理情景所做的客观的书面描述；物流案例研究，是学生对案例的分析和研讨，对案例情景中所描述的信息和状况进行思考分析，并整理加工、判断比较，最终做出决策的过程。

物流案例是对企事业单位或物流企业的物流管理实际状况进行调查研究的基础上编写出来的，强调的是案例内容的真实、客观。物流案例主要有以下几种。

1. 物流功能案例

物流功能案例涉及物流活动的基本功能如采购、包装、运输、流通加工、装卸搬运、库存、配送、物流信息等方面，但具体的案例只是包含其中的一个方面。学生必须准确地对这方面的物流活动的业务现状进行分析，找出存在的问题，才能提出恰当的解决方案。

2. 物流流程案例

物流流程主要包括运作流程和作业流程，运作流程是指企业物流活动过程中完成物流目标的所有产生物流价值的行为集合和工作程序，作业流程反映物流系统运行过程中某一环节的物料的流动、设备的工作及资源的消耗等情况。物流流程包含了原材料、生产制造、分销配送、最终用户、回收处理的全部环节的流程，其案例主要包括企业的采购流程、出入库流程、运输流程、配送流程、装卸搬运流程、回收和废弃物物流流程等方面的内容。学生要根据现有流程的问题，进行改进和优化。

3. 物流市场与服务案例

物流市场是伴随着市场经济逐渐发展起来的，它是指为保证生产和流通过程顺利进行而形成的商品在流动和暂时停留时所需要的服务性市场，主要包括货物仓储市场，运输市场和包装、装卸搬运等辅助性市场。对这方面案例的分析，是要了解物流市场的总需求量、企业从事哪些物流业务或能够提供何种物流服务等。该种案例主要是诊断物流企业内部优劣势和外部的市场机遇挑战，进行物流市场细分和市场定位，选择物流产品，确定物流服务数量和类型，选择供应商和分销商等，做到优化资源配置，提高物流效率，降低物流成本。

4. 行业物流案例

各个行业都有自己的物流活动。行业物流属于宏观物流，如农产品物流、生鲜品物流、家电物流、汽车物流、冷链物流、服装物流、图书物流、烟草物流、医药物流、电子物流、危险品物流、再生行业物流等。这类案例涉及整个行业，内容广泛而丰富，情况也较复杂，在分析时要充分考虑行业特点，以及行业的大背景下某种产品的资源储存、生产、加工、流通、分销等环节的现状和发展，强化行业物流管理，提出该行业物流合理快速发展的途径。

5. 供应链物流案例

现代物流都是以供应链为基础的。在研究此类案例时，要对现有的供应链的组织管理结构、功能有所了解，清楚地分析供应链中各个节点（如工厂、仓库等）的结构以及货物在这些节点之间的流动模式，而且要对供应链上各个企业之间的关系加以研究，看看如何通过整合来达到系统的最优，如何强化它们之间的合作伙伴关系，对整个物流活动进行改革和管理等。

除了以上分类，还有物流绩效评估案例、物流系统（正向和逆向）设计与优化案例、物流信息系统案例、物流成本控制案例、物流营销案例等专题方面的案例。

2.2 绿色物流案例及其特点

绿色物流案例，是指对企事业单位、物流企业的物流业务及区域物流的环境实际状况进行调查，找出环境污染的原因，提出污染治理和绿色管理创新等方面措施，并在此基础上编写出来的案例。这种类型的案例涉及物流作业绿色化、物流基础设施绿色化、物流包装绿色化、货物运输绿色化等方面，但具体的案例可能包含其中的一个方面。这类案例不仅包括企业，还包括区域甚至行业，因此，这类案例的调研也像学校的其他环境类课程一样具有开放性，学生必须到企业及周边地区进行深入的物流环境调查，找出存在的问题，这样才能提出"节能、减污、降耗"的解决方案。

由于绿色物流不仅属于物流学和物流管理学科范畴，同时也属于环境科学与环境教育系列，因此它的案例主要有以下特点。

1. 原创性、前沿性

绿色物流案例，来源于师生们的调查或科研成果。他们通过大量的实际调查和分析，将专业理论知识与环保理论知识结合，具有物流加环保的独有特色，因此总结出来的案例带有原创性，还体现了一定的前沿性。

如北京交通大学物流管理专业的一些课题案例——北京市货物运输废气排放预测、铁路站生活垃圾的特性分析、企业绿色物流绩效评价、电动汽车充换电需求分析等。

2. 综合性

绿色物流是门综合性很强的课程，是环境管理和物流管理相互渗透的结果，所以案例也带有综合性和交叉性，包含资源、生态、环境污染等多方面的知识，当然最终都会影响物流领域，例如，有些案例是关于怎样节水、节电等降低能耗方面的，涉及生产和生活的方方面面。

3. 实践性

大部分国内外高校的环境教育课程都是建立在学生实践活动基础上的，绿色物流也不例外。只有让学生积极参与到广泛的绿色物流学习活动、企业生产物流与环保活动、社区环境建设中，动手、动口、动脑，这样才能达到理论与实践相结合的目的。以活动形式组织成的材料编写为案例，才有应用性和可操作性。环境意识的形成不仅依赖于学生的实践，而且只有在他们的实践中才能表现出来。以校园为例，学生到食堂、教室、商店、宿舍、校医院等地，对废弃物或废旧物品进行充分调研，然后写出建议和报告。这样的案例不仅能够引起学生的思考，还能让其了解身边熟悉环境中的废弃物回收和处理等问题，使他们可以更加重视环境并提出更合理的建议。

4. 高度摹真性

案例是在对物流企业、企业物流、区域物流等的绿色物流业务管理实际情况进行调研的基础上编写出来的。它首先是真实、客观的，但在调研过程中签订了保密协议，因此案例中的某些地方，比如企业名称、数据等都有虚拟、掩饰的成分，有些资料还做了处理。尽管如此，案例的基本内容和事实仍然是真实的，不是人为杜撰的。在教学中展现给学生的案例，本来就可能是一些信息碎片，并带有疑问性的情景内容，这种摹仿真实情景的特点，更促使学生去粗取精，透过现象看本质；分析过程中可以假设，但假设也必须符合客观实际。这样将进一步培养他们在复杂多变的企业环境中进行思考、判断和决策。

5. 鲜明的教学目的性和问题性

案例虽然来源于一些企业和社会实践，但它是根据课程的教学目标，适用于教学的需要而编写的。它的目的很明确，案例教学和研究可以使学生在课堂上接触到企业和社会实践，并将基础理论和技能应用于企业和社会实际中。学生的开发能力、理解能力和实践能力也得到了培养。

另外，案例是客观描写当时企业真实的情景，总是带有一个和几个企业管理方面的问题。有的问题比较突出，有的问题则是隐含在一般的阐述中。在案例中，有的问题已经得到解决，有的尚未解决或只字不提，这要求学生自己去观察发现，去思考和分析；可以有自己解决方法的思路和途径，也可以对别人的方法加以评论。因此案例中也会出现一些争议性问题，这些争议性问题教学的实质是允许相互对立观点的共存。例如，"要不要废除塑料袋"就是个争议性问题，一些人认为塑料袋是低廉、方便的包装，另外一些人则认为是一种白色污染。这说明"要不要废除塑料袋"问题确实是一个复杂的有争议的环境问题，把它用于对学生进行环境教育，意义重大。

案例分析是开发学生潜能的一种模式，解决问题的方案也具有各种可能性，不一定有绝对正确的答案。虽然学生的知识水平有限，解决问题的方法略为浅显，甚至有不足之处，但他们可以对案例问题进行深入的开发和研究，直至提出自己认为满意的解决方案。

2.3 绿色物流案例的分析步骤

1. 现状分析

1）行业背景现状分析

首先对案例的大环境进行研究和分析。案例中如果是企业物流，那么它所处的行业背景怎么样（包括自身行业和相关的环保行业），行业物流的背景对企业的环保工作有哪些要求，内部的环保部门和其他相关部门间有怎样的关系；如果是物流企业，那么它与企业货物有关的行业物流的环保事业发展现状是怎样的；行业背景包括经济、社会、技术、环境等方面，侧重于绿色发展态势和竞争态势。

2）企业现状分析

一是企业经营现状分析：企业的性质、规模、业务范围、经营目标和经营成果、企业组织和管理结构、企业资源环境管理等。

二是企业物流现状分析：企业货物的实际流动情况，物流与逆向物流流程、物流业务与运作、正逆向物流成本、物流政策、环境政策、环保技术等。

三是企业供应链结构现状分析：企业供应链上物流活动的物资流动节点、路线、各环节情况、合作组织协调关系、各个供应商的环境各项指标分析等。

3）开展绿色物流的区域现状分析

这包括城市或区域的物流发展现状、逆向物流现状、行业物流现状、环境保护现状、绿色物流政策现状、绿色物流技术及管理现状等。

2. 找出问题

大部分案例要求学生阅读后能够发现企业物流或区域物流活动中存在的环境问题，并针对问题设计解决方案。一般企业物流运营存在的环境问题很多，少的几个，多的十几个，因此应厘清问题的逻辑关系，识别出关键问题并清楚问题产生的根源。找出问题之后，需要对这些问题进行分类，例如，有宏观战略因素方面的问题，也有诸多功能因素方面的操作问题。

3. 解决方案分析与评价

问题解决方案的设计应该针对不同层次的环境问题所体现出的层次性。一般解决方案有三个层面上的考虑：一是企业层面，如企业的生产、销售、包装、配送等方面的环境问题；二是供应链层面，如一条供应链上的上下游企业之间的配合问题；三是区域层面，如城市或区域的逆向物流和废弃物物流方面的问题。

通过对方案的分析，就能够筛选掉不切实际的或不合理的建议，提出二三个比较现实的备选方案，对每个方案进行描述，从而从操作要求、成本、效益方面进行评价。还需要从案例企业的实际、能力条件出发，考虑方案的可实施性，之后选定首选方案并说明理由。解决方案的分析工具和评价方法，可以运用诸多定量方法和模型进行分析、对比、判断和归纳。

4. 方案实施

具体的方案实施包括：一是资源方面，由谁负责实施，人、财、物怎么安排，选用那些技术；二是时间方面，实施的顺序是什么，有何种时间要求，三是管理方面，如何衡量方案的成本和效益，如何监管和评价，评价方案的标准是什么，等等。

5. 案例分析报告

案例分析报告应当叙述清晰、简明扼要，易于阅读。不仅对案例里企业的现状进行分析，还要对原有的问题进行分析和研讨，然后提出新的问题和见解，最后经过总结和概括，成为报告。报告应材料丰富，论点突出，论据充足。

通过绿色物流案例的研读，不仅加强了学生案例分析能力和解决问题能力，还将物流理论和调研实践密切结合起来，为培养绿色物流应用型实践人才做出贡献。以下的章节，将重点介绍北京交通大学物流管理专业师生近年来的绿色物流研究成果。这些文章或报告，有教师、博士、硕士及本科生的，有个人的也有小组的，内容涉及绿色运输、绿色包装、绿色供应链、绿色物流成本、行业绿色物流、区域与企业绿色物流等多方面。

第 3 章　绿色物流各功能要素管理

3.1　绿色运输——电动汽车充换电需求分析与预测

3.1.1　需求预测方法——蒙特卡洛方法

蒙特卡洛方法，又称随机抽样或统计试验方法，属于计算数学的一个分支，它是在 20 世纪 40 年代中期为了适应当时原子能事业的发展而发展起来的。传统的经验方法由于不能逼近真实的物理过程，很难得到满意的结果，而蒙特卡洛方法由于能够真实地模拟实际物理过程，所以解决问题与实际非常符合，可以得到很圆满的结果。

此方法通过设定随机过程，反复生成时间序列，计算参数估计量和统计量进而研究其分布特征。蒙特卡洛方法的原理是当问题或对象本身具有概率特征时，可以用计算机模拟的方法产生抽样结果，可以通过对各次统计量或参数的估计值求平均的方法得到所求解的近似值，以该近似值作为问题最终结论。蒙特卡洛方法需要进行多次抽样模拟，假设所要求的 X 是随机变量 ξ 的数学期望，那么对 ξ 进行抽样的次数越多，所得最终数学期望误差就越小。在抽样过程中产生的多个相互独立的序列 ξ_1，ξ_2，$\cdots$，对该序列求得期望值为：

$$\overline{\xi} = \frac{1}{N} \sum_{n=1}^{N} \xi_n$$

根据大数定律，如果 ξ_1，ξ_2，$\cdots$，ξ_n 独立同分布且期望值有限，那么当抽样次数 N 充分大时，$E(\xi)$ 趋近于 X 的真实值。

本部分提出的车辆行为模型是从车辆的出行目的出发，描述电动汽车产生电力需求的过程。在进行需求预测时，依据该模型采用蒙特卡洛方法抽取车辆行驶中的要素来模拟电动汽车的运行状态，得到大规模电动汽车带来的电力需求规律。

在考虑不同用途类型电动汽车的行驶规律的前提下，按照车辆行为模型，根据电动汽车的车辆出行距离、剩余电量状态、接入电网开始充电时间规律计算得到单台电动汽车进行电能补充的持续时间和日负荷曲线规律，再采用蒙特卡洛方法拟抽取得到一定规模量的不同用途类型电动汽车的需求规律。

3.1.2 案例背景

1. 新能源汽车发展现状

新能源汽车是指采用除汽油、柴油发动机之外的其他非常规车用燃料作为动力来源的汽车，包括纯电动汽车、增程式电动汽车、混合动力汽车、燃料电池电动汽车、氢发动机汽车、其他新能源汽车等。

电动汽车是指以车载电源为动力，用电机驱动车轮行驶，符合道路交通、安全法规各项要求的车辆。一般采用高效率充电电池或燃料电池为动力源。按动力源的不同，电动汽车可分为纯电动汽车（BEV）、插电式混合动力汽车（PHEV）、燃料电池汽车（FCEV）三类。

纯电动汽车是完全以可充电电池为动力的汽车。由于纯电动汽车完全不涉及燃油，对环境友好，发展前景受到广泛关注。我国的新能源汽车计划以发展纯电动汽车为主。据前瞻产业研究院发布的《中国电动汽车行业市场需求预测与投资战略规划分析报告》统计数据显示，2018 年 11 月中国纯电动汽车产销量分别完成 13.5 万辆和 13.8 万辆，比上年同期分别增长 23.6% 和 30.3%。累计方面，2018 年 1—11 月中国纯电动汽车产销量分别实现 80.66 万辆和 79.09 万辆，同比增长 50.30% 和 55.66%，占新能源汽车总量的 76.6% 和 76.8%。

插电式混合动力汽车是指内燃机加电机驱动的新型混合动力汽车。介于传统燃油汽车和纯电动汽车之间的插电式混动汽车，使消费者免于对续航里程的焦虑，加上节油效果突出，成为新能源汽车消费者的新宠。不少车主甚至直接把其当作传统燃油车来使用。2018 年 1—11 月，插电式混合动力汽车产销分别为 24.66 万辆和 23.86 万辆，同比增长 130.27% 和 127.58%，增长态势强劲。2017 年 4 月，工信部、国家发改委、科技部联合印发《汽车产业中长期发展规划》，旨在落实建设制造强国的战略部署，推动汽车强国建设，规划提出到 2020 年，国内电动汽车年产销达到 200 万辆，到时预计保有量超过 500 万辆，较 2018 年的 230 万辆增加了一半之多。为了尽快推广电动汽车和充电设备，国家能源局出台了充电基础设施建设的指导性文件《电动汽车充电基础设施发展指南（2015—2020 年）》，分析了充电设施的建设需求，提出了 2015—2020 年分类型、分区域的充电设施规划建设目标。

而以氢气为能源、真正实现零排放的燃料电池汽车，在国际上被认为是最理想的新能源汽车。然而，降低燃料电池成本是国内外一直在攻克的难题。氢转化为电的过程需要铂催化剂，铂的造价较高。另外，氢的储运成本也仍然无法达到可以推广的水平，加氢站等基础设施缺乏，建设和维护成本较高，2017 年全球共有 328 座正在运营的加氢站，中国建成可运行加氢站仅有 7 个。2017 年燃料电池汽车产量达到 1 275 辆，同比增长了 103%；2018 年 1—11 月产量是 465 辆。国内燃料电池汽车仍处于起步阶段，与日本、欧洲、美国还有相当的距离。

2. 电动汽车服务设施

电动汽车服务设施相当于传统汽车的加油站，是电动汽车发展的主要支撑。目前，市场上存在的电动汽车服务设施主要分为换电站和充电站另种形式，按照服务模式分为换电模式和整车充电模式，而其中整车充电模式又分为快速充电和常规充电两种形式，即市场上存在的电动汽车三种有效充电形式包括：换电，常规充电和快速充电。

常规充电方式充电以较小的电流为蓄电池充电，因此可以在社区、停车场和公共充电站进行。其优点在于充电电流额度和所用功率不高，对充电器的要求较低，降低了安装成本，且对电网的冲击较小，能够充分利用电网低谷时段充电，降低充电成本。缺点是充电时间过长，无法满足车辆在紧急运行状况下的充电需求；快速充电模式是对蓄电池进行短时间充电使其储电量达到 80%～90%，可以在车辆运行的间隙进行。优点在于充电时间短，可以大容量充电及放电，因此不需配备大型停车场。缺点在于充电效率较低，而且充电电流很大对充电设备的安全性要求较高。另一种充电方式是进行电池组的快速更换。该模式用充满电的电池组更换已经耗尽电的电池组，大大提高了用户使用的方便性和快捷性，提高了车辆使用效率。

3.1.3　案例主要问题分析

1. 电动汽车充换电需求问题

随着目前技术的发展，电动汽车在各方面的性能和表现已接近传统燃油汽车，虽然受电池容量所限，在续航里程方面仍然未能有重大突破，但正在大力建设的电力补充基础设施能够暂时解决续航里程不足的问题。随着未来电力补充技术的逐渐突破，电动汽车的优点将会更为显现，吸引更多的消费者购买和使用。

然而，电动汽车的大规模增加以及为满足续航里程进行的电力补充行为会带来相应的大规模的电力能源需求，这部分新增的电力能源需求随着电动汽车规模的增加会对未来电力系统的稳定和配电网的负荷配置产生重大的影响。首先，电动汽车产生的电量需求和负荷需求根据电动汽车使用者和用途类型的不同有着较强的随机性，这会给电网的控制带来显著的不确定性。其次，新增的大量电力能源需求意味着电力系统供电量的增加和配电网络的预先规划建设。最后，新增的大量电力能源需求会由于其随机性，导致电力补充基础设施内配置的充电设备容量和设施服务容量的不确定性，进而影响和制约电力补充基础设施投资建设的积极性，增加设施选址和运营的难度。而电力补充基础设施的大力建设是解决电动汽车行驶里程过短，长途行驶过程中需要多次补充电力等问题的关键，能够进而促进和推动电动汽车的发展和普及。因此对于大规模新增电动汽车带来的电力能源需求的分析和动态预测研究是非常有意义和有必要的。

2. 电动汽车充换电需求分类及特点

电动汽车的电力需求根据采用的电能补充方式不同区分为充电需求和换电需求，两者均有高度的随机性，主要表现在充电方式下整车接入电网时间的不确定性，以及换电方式下电池组接入电网时间的不确定性。另外，不管是整车还是电池组在接入电网时，对电网的电力需求量和产生的负荷也是不确定的。因此有必要按照一定的需求特点对其进行分类归纳，将综合复杂且随机性高的需求预测转化为分类标准下有规律的需求预测。

影响充换电需求的因素，本部分列出了按照电动汽车的用途类型、使用者类型以及充电设施类型分类下的充换电需求产生的时间和地点分布特点。从政府出台的一系列电动汽车产业发展的扶持政策来看，推广车辆主要集中在城市的公交车、出租车、公务车以及市政用车领域。结合目前电动汽车的发展现状，将电动汽车根据主要用途分为电动公交车、电动出租车、电动公务车、电动私家车四种类型（见表 3-1）。

表 3-1　四种类型车辆的电力需求时间和地点

	电动公交车	电动出租车	电动公务车	电动私家车
行驶特点	规律性	随机性	一定的规律性	一定的规律性
电力需求的发生时间	10:00—16:00，22:00—06:00	全天 24 小时	机关行政部门的下班时间至第二天上班，即 18:00—09:00	上班时间，即 09:00—18:00，以及下班回家后到次日早晨上班之前，即 21:00—07:00
充电及停靠地点	公交枢纽站	任意充换电设施处	公务车的指定停车地点	单位停车场、居民小区停车场、商场超市停车场等

根据以上特点，以及设定的"换电为主，插充为辅"的需求预测背景，设定预测中的四种类型电动汽车采用的电能补充方式见表 3-2。

表 3-2　四种类型电动汽车采用的电能补充方式

	电能补充方式			
	充电			换电
	充电桩	常规充电站	快速充电站	换电站
电动公交车			—	√
电动出租车			—	√
电动公务车	√			
电动私家车	√			

3.1.4　案例需求预测

1. 基于车辆行为模型的需求预测模型

本部分对电动汽车电力需求的分析目的，在于讨论大规模增加的电动汽车的用电需求给电力系统带来的影响，将对电动公交车、电动出租车、电动公务车和电动私家车进行电力需求的讨论，并在对具体某种用途类型电动汽车进行电力需求规律预测时采用了相应的预测办法。

1）电动公交车换电需求预测

在本部分需求预测研究背景下，电动公交车采用的换电方式是在换电站进行电能补充。电动公交车在运营结束后进入换电站进行换电，待换电池车辆进入换电站的电池更换车间，由换电机器人取下充电架上已充满的电池换下车辆上已放电的电池。换好的电动公交车开出电池更换车间，进入发车编组，等待下一轮发车。充电架上已放电的电池进入储备电池库等待充电机安排充电。根据电动公交车换电需求的地点和时间分布特点，电动公交车在工作时间内进行换电方式进行能源补给，已放电的电池组利用电网非高峰期进行常规充电。

由于电动公交车的投放均以某一线路进行投放运营，因此方便预测，假设：

（1）无论是单线线路的电动公交车还是环线线路的电动公交车，均在始发站进行换电；

（2）同一公交线路采用的电动公交车车型和动力电池的型号数量相同，按照整个动力电池组进行更换；

（3）同一线路采用轮流发车制，换电站内停有备用车辆，前一辆电动公交车运行几轮后回到始发站收车并换电池，备用车辆顶替进入运行。

对电动公交车进行换电需求预测时，可按照公交线路对该线路所有运营的相同型号电动公交车进行储备电池数量的需求统计以及电池充电电量和负荷的预测。

首先，计算每条线路所需的最少车辆数。设 t_1 为发车间隔时间，t_0 为发车运行时间，T 为换电池的作业时间（据调查统计大约为 10 min）。因此，所需最少车辆数为：

$$y = \left\lceil \frac{t_0 + T}{t_1} \right\rceil \tag{3-1}$$

其次，计算为满足运营换电站需要配备的最少电池组数。设 ΔE 为公交车运行一轮消耗的电量，N 为充满电的电池组可以运行的轮数，T_c 为补充电池组运行 N 轮后消耗电量的充电时间，N_{ch} 为换电站内同时服务的车辆数量，η 为备用电池的储备系数，则储备电池数量 N_B 为：

$$N_B = \frac{T_c \times N_{ch}}{\eta \times T} \tag{3-2}$$

分析电池组接入电网进行电能补充的时间，按照上文分析电动公交车选择在白天和夜晚电网非高峰时间段对电池组进行常规充电，因此假定开始时间满足 10:00—16:00 及 22:00—06:00 期间的均匀分布。

电池组的剩余电量，即 SOC 值决定了电池组的电能补充持续时间 T_c。通过调研统计多辆电动公交车的回收 SOC 值，发现服从一定的正态分布规律，而 SOC 值与电池充电负荷和持续时间的关系以 NissanAltra 车型的锂电池为例，如图 3－1 所示。

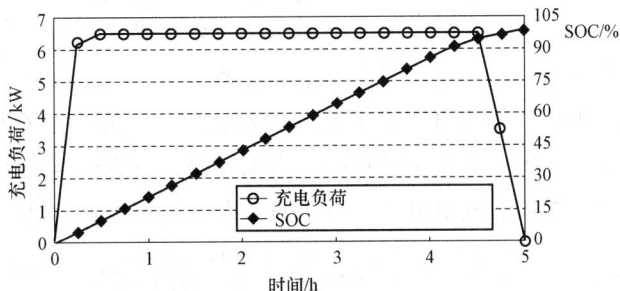

图 3－1 NissanAltra 锂电池充电负荷曲线

从图 3-1 可看出，SOC 值与电能补充持续时间近似呈线性关系。在对广州电动公交车电池补充电能的过程数据进行统计分析得到方程：

$$y_{soc} = 0.322\,4x - 0.000\,67 \tag{3-3}$$

式中，y_{soc} 为电池深度 SOC 值，x 为充电时间，置信系数为 95%。假设拟合得到某类电动公交车的电池组 SOC 值与充电时间关系为 $y_{soc} = ax + b$，则将电池组从起始 SOC 到充满所需的持续时间满足 $T_c = (1 - y_{soc})/a$。

最后，考虑电动公交车的日负荷规律。已知电动公交车在运行 N 轮后在始发站进行电池组更换操作，电池组所需补充电量为 $N\Delta E$，则单台电动公交车的日负荷 $P(t)$ 满足：

$$\int_0^{T_c} P(t)\,\mathrm{d}t = N\Delta E \tag{3-4}$$

多台电动公交车的总负荷曲线满足：

$$P = \sum_{t=0}^{T_c} P(t) \tag{3-5}$$

每天该条线路运营公交的总负荷满足：

$$P' = \sum_{t=0}^{T_c} N_B P(t) \tag{3-6}$$

综上，对某城市的电动公交车换电需求进行预测时，首先根据电动汽车市场规模预测和保有比例得到电动公交车的保有规模。其次，按照电动公交车的线路进行分类，计算每条线路上的所需的最少车辆数和储备电池数量，再按照公式（3-4）计算并绘出某线路上单台电动公交车的电池组负荷曲线，以该线路电动汽车的保有规模数为模拟次数运用蒙特卡洛方法进行模拟，得到该线路多台电动公交车的总负荷规律和储备电池数量。

2）电动出租车换电需求预测

根据对电动出租车行驶规律的分析，可知电动出租车的出行特征与其他类型电动汽车的出行特征有着明显的不同。电动出租车的出行具有更为明显的随机性，出行的起始点和终点不固定且较难进行预测，这给电动出租车的换电需求的预测增加了难度。

假设电动出租车采用换电模式来进行能源补给。因为出租车不具备较长的等待时间来进行常规慢充，而快充模式对电池组的损伤较大，会降低电池组的寿命，大大减少可续驶里程。另外，快充模式采用大电流对电池组进行充电，多台电动出租车充电会给电网带来较高的负荷，提高了对电力设备的要求。而采用换电模式进行充电，首先作业时间短，平均换电动作时间大约为 10 min，减少了出租车司机的等待时间，增加了运营效率。

采用换电模式，更换下来的电池组可以在换电站工作时间的电网低谷期进行充电，增加了电网的利用效率。对电动出租车进行换电需求预测，首先计算城市电动出租车一天运营时间内的总换电需求次数。城市电动出租车的总换电需求次数满足：

$$换电需求次数 = 电动出租车总量 \times \frac{每车日均行驶里程}{电动出租车续航里程} \times 出租车出车率$$

其次，计算换电站需要配备的电池数量和最大服务次数。按照电动公交车换电需求预测的参数，T_c 为补充电池组消耗电量的持续时间，N_{ch} 为换电站内同时服务的车辆数量，η 为备用电池的储备系数，T 为换电池的作业时间，则储备电池数量满足式（3-2）。换电站在工作时间内最大服务次数满足：

$$N_B = \frac{T_w \times N_{ch} \times \mu}{T} \qquad (3-7)$$

其中，T_w 为换电站的运营时间，μ 为换电站的服务效率。讨论电动出租车电池的电量需求，首先分析电池接入电网进行电能补充开始时间的分布规律，由于电动出租车到达换电站进行换电行为的时间是随机的，在部分，假设电动出租车依次到达的行为是一个泊松过程，进行换电的时间即电动出租车的到达时间。将电动出租车的到达看作一个事件，t_n 表示第 $n-1$ 辆电动出租车与第 n 辆电动出租车到达的时间间隔，那么第 n 辆电动出租车的到达时间记为 $s_n = \sum_{i=1}^{n} t_i$。

根据泊松流的特征可知，在任意时间段内，电动出租车到达的次数 X_t 满足：

$$P(X_t = k) = \frac{(\lambda t)^k}{k!} e^{-\lambda t}, k = 1, 2, L \qquad (3-8)$$

式中，λ 表示某时段内电动出租车到达的频次。因此，根据泊松流的性质，其到达时间 s_n 满足：

$$\begin{aligned} P\{s - \Delta s \leqslant s_n \leqslant s\} &= P\{s - \Delta s \leqslant s_n \leqslant s, N_s = n\} \\ &= P\{s - \Delta s \leqslant s_n \leqslant s | N_s = n\} P\{N_s = n\} \\ &= \frac{n!}{(n-1)! \times 1!} \left(\frac{s - \Delta s}{s}\right)^{n-1} \left(\frac{\Delta s}{s}\right)^1 \times \frac{(\lambda s)^n}{n!} e^{-\lambda s} \end{aligned} \qquad (3-9)$$

从而有：

$$f_{S_n}(s) = \lim_{\Delta s \to 0} \frac{P(s - \Lambda s \leqslant s_n \leqslant s)}{\Delta s} = \lambda e^{-\lambda s} \frac{(\lambda e)^{n-1}}{(n-1)!}, s \geqslant 0 \qquad (3-10)$$

电池组的电能补充持续时长参考电动公交车的计算方法，根据统计得到的到站电动出租车已放电电池组的起始 SOC 值，以及该类型电池组 SOC 值与电能补充持续时长的关系，得到电池组从起始 SOC 值到充满所需的持续时间 T_c 与起始 SOC 值之间的表达式。

最后，考虑单辆电动出租车的日负荷规律。已知单辆电动出租车的日均消耗电量为 $E = e\bar{d}$，其中 e 为电动出租车单位里程的电量消耗值，$\bar{d}$ 为日均行驶里程。由此可知单辆电动出租车的总消耗电量，即电动出租车电池组所需补充的电量。由此可知其日负荷满足：

$$\int_0^{T_c} P(t)dt = e\bar{d} \qquad (3-11)$$

更换下来的电池组可以选择在电网低谷时段进行电能补充，不同车型的电动出租车的电池组由于电池参数以及耗电水平在进行电能补充时的日负荷曲线不同，因此将不同车型的电池组按照接入电网时间的分布情况得出其日负荷曲线，并进行累加模拟，即可得到电动出租车的总电量需求以及总负荷曲线。

总之，对某城市的电动出租车换电需求进行预测时，首先根据电动汽车市场规模预测和保有比例得到电动出租车的保有规模，其次统计计算不同类型电动出租车的运营数量和电池组规格，计算每种类型电动出租车的日均换电需求次数，以此作为运用蒙特卡洛方法进行模拟的次数，得到换电站内该类型电动出租车的日负荷曲线和储备电池数量。

3) 电动公务车充电需求预测

电动公务车是国家政府机关和事业单位为了执行国家公务而专门配备的车辆，包括军车、警车、消防车、救护车等。为更好地推广电动公务车，政府部门和机关事业单位已逐渐在办公场所部署配建一定比例的充电桩，利用间隙及夜晚非工作时间段对其进行常规慢充。

目前国家机关及已纳入新能源汽车推广应用城市的政府机关和公共机构均已在公务车的更新配备量中增加了电动汽车，北京市甚至要求新增或更新公务用车时原则上均采用电动汽车，但具体的购买车型及相应车型的数量根据各采购单位要求的不同而不同。以中国南车研发的某款纯电动中型公务车为例，该样车经过道路测试和用户试用后，其试用数据表明该车百千米耗电平均为 40 kW·h，续驶里程达到 200 km。电动公务车每天的充电电量即为其运行的千米数乘以百千米耗电量，其充电负荷曲线即为该车型电池组的充电负荷曲线。在统计了多辆某一车型的电动公务车的充电开始时间后，将其充电负荷曲线按照充电开始时间进行累加，即得到该车型电动公务车的总充电负荷曲线。将不同车型的总充电负荷曲线进行累加，即得到所有电动公务车的充电负荷曲线。由于目前电动公务车数量较少，且难以统计，因此只给出上述粗略的充电需求预测计算方法。

4) 电动私家车充电需求预测

根据前文对电动私家车电力需求特性的分析，可以得知电动私家车的消费者群体具有较为鲜明的出行特征，与电动公交车、电动公务车、电动出租车的出行特征差异较大。在本部分预测背景下，电动私家车用户利用充电桩满足充电需求，完成充电行为的地点根据其出行目的的不同，分散在家庭居住地、工作单位以及商场。

私家车的出行多以家庭为出发点，在完成出行目的后回到家庭。学者们用基于活动模型的理论来研究分析家庭的出行行为特征，将出行途中经过的地点分为主要目的地以及短暂停驻地。对出行目的的调查统计，有利于研究私家车出行的规律性。在此引用北京交通发展研究中心发布的《2013 年北京交通发展年报》中的北京居民出行目的调查统计的结果，居民的出行目的所占比例情况如图 3-2 所示。

根据统计调查的居民出行目的可知，主要出行目的分为通勤和生活性需求，人们出行的距离处于某一特定值附近的概率较大，行驶距离越远，人们消耗的时间成本越大，出行的交通阻抗也越大，出行概率越小。实际电动私家车的出行次数和出行距离应符合一定的概率分布，文献统计显示北京市私家车日均出行次数为 3.16 次/车，出行距离服从 Rayleigh 分布，且参数 λ 随着城市规模的增加而不同。

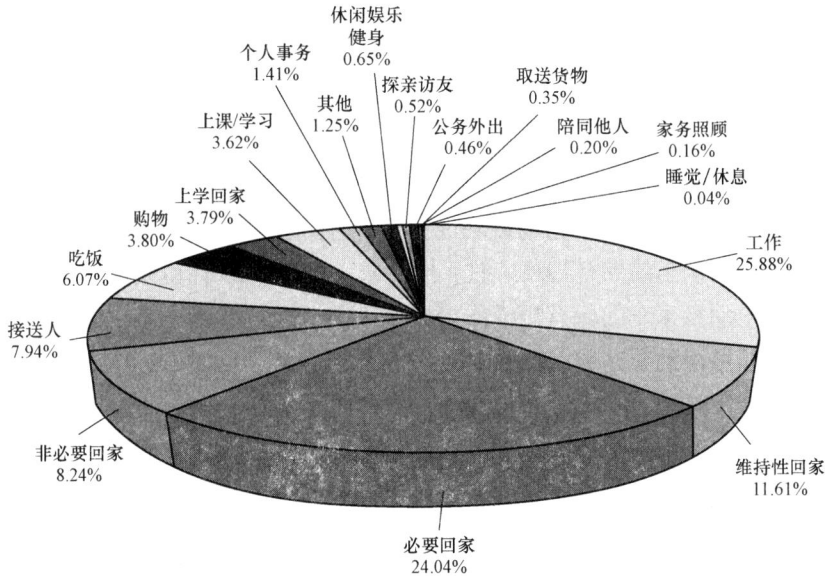

图 3－2　2012 年上半年北京居民出行目的构成图

　　根据私家车出行规律以及出行目的的调查研究结果，本部分将电动私家车的充电入网地点划分为住宿区和非住宿区两种。在住宿区的充电开始时间发生在每天下班回家后至第二天清晨上班之前，根据相关文献提供的私家车晚间回家的时间统计数据，电动私家车开始充电的时间近似满足如下正态分布：

$$f_{s_2}(x) = \begin{cases} \dfrac{1}{\sigma_s\sqrt{2\pi}}\exp\left[-\dfrac{(x-\mu_s)^2}{2\sigma_s}\right] & (\mu_s-12)<x\leqslant 24 \\[4mm] \dfrac{1}{\sigma_s\sqrt{2\pi}}\exp\left[-\dfrac{(x+24-\mu_s)^2}{2\sigma_s}\right] & 0<x\leqslant(\mu_s-12) \end{cases} \tag{3-12}$$

　　在非住宿区的充电一般发生在办公地点或者商场的停车场等地，在办公地点的充电行为开始时间即到达时间，即上班开始时间前半小时左右，假设其充电开始时间近似满足均匀分布：

$$f_{s_2}(x) = \frac{1}{b-a}, a<x\leqslant b \tag{3-13}$$

　　其中，a 为 7，b 为 10，表示在办公地点充电开始时间在 7:00 到 10:00 之间满足均匀分布；在商场等地的充电行为假设也满足均匀分布，其中 a 为 9，b 为 15，表示在商场等消费地区充电开始时间在 9:00 到 15:00 之间满足均匀分布。

　　电动私家车的充电持续时间与其出行距离有关。充电开始时刻的起始 SOC 满足表达式

$Y_{soc} = (1-d/d_m) \times 100\%$。其中 d 为已行驶距离，d_m 为电动私家车的续航里程。由相关文献可知出行距离 d 近似服从瑞利（Rayleigh）分布，因此相应的起始 SOC 也符合一定的分布规律。根据电池组的 SOC 值与充电时长的关系，可得充电持续时长 T_c 与起始 SOC 之间的表达式。最后，考虑单辆电动私家车的充电负荷。假定 $\overline{C}$ 为电动私家车平均每千米消耗电量容量，那么需要充电的电量为 $\overline{C} \times d$。因此可得充电电荷满足：

$$\int_0^{T_c} P(t)\mathrm{d}t = \overline{C} \times d \qquad (3-14)$$

因此，在对某城市的电动私家车充电需求进行预测时，首先根据电动汽车市场规模预测和保有比例得到电动私家车的保有规模，然后按照式（3-14）统计得到单辆电动私家车的充电负荷规律，以电动私家车的保有规模作为模拟次数，通过蒙特卡洛方法模拟多台电动私家车充电行为，即可得到总充电负荷曲线。

2. 北京市电动公交车换电需求预测

下面在前文分析的模型构建背景下进行北京市电动公交车的换电需求预测。

根据电动车发展规划，北京市正逐步提高电动公交车的比例。根据对电动公交车换电需求预测的阐述，按照计划投放使用电动公交车的公交线路进行分析预测，确定每条使用电动公交车线路的最少车辆数、最少电池组数、电能补充开始时间和持续时间以及日负荷曲线。北京市 455 路公交线路在 2013 年 9 月投入福田新型换电式纯电动公交车进行运营，本部分以该线路电动公交车为例进行换电需求预测。

首先，计算线路所需要的最少车辆数。已知发车间隔时间为 10 min，运行一轮（来回两趟）的运行时间为 $50 \times 2 = 100$（min），换电池的作业时间根据统计大约为 10 min，根据式（3-1）得到线路所需要的最少车辆数为 $(100-10)/10 = 11$（辆）。

然后，计算线路所需要的储备电池组数量。按照目前换电站的建设标准，一般设计为双通道同时服务车辆为 4 辆车，备用电池组的储备系数一般设计为 0.8，由此得储备电池组数量为：

$$N_B = \frac{T_C}{2} \qquad (3-15)$$

最后，分析单辆电动公交车的日负荷曲线。根据调查资料分析，该电动公交车的每百千米耗电量为 84 kW·h，455 路电动公交运行一轮来回路程为 26 km，可得运行一轮消耗电量 ΔE 为 $(26 \times 84)/100 = 21.84$ kW·h。充满电的电池组可以保障公交车运行的轮数 $N=3$。则每当运行完毕最大轮数回到始发站进行换电时，电池组需要充电的电量为 $N \times \Delta E$，充电负荷按照式（3-4）可得。通过蒙特卡洛方法进行多次抽取模拟，即可得到该线路电动公交车的总充电负荷分布曲线。

下面依据所得基本信息，对该线路电动公交车进行数据模拟。按照电动公交车动力电池电能补充时间的分布规律，得到该线路电动公交车的总储备电池组数量以及日负荷曲线，再通过蒙特卡洛方法进行多次抽取模拟，模拟次数即为所需最少车辆数，得到 455 线路电动公交车换电需求曲线，如图 3-3。

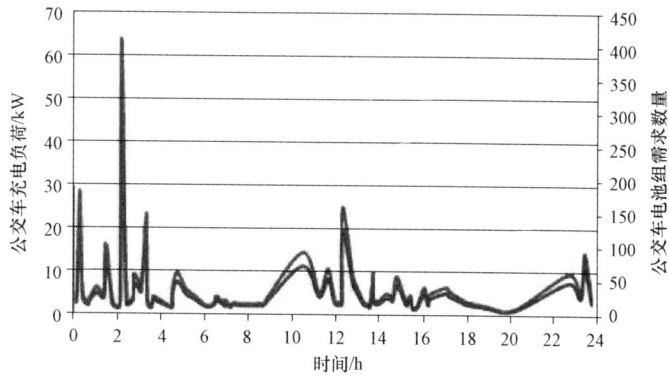

图 3-3　455 路电动公交车换电需求曲线

图 3-3 的蒙特卡洛方法模拟过程采取了最少车辆数为模拟次数,假设电动公交车数量规模增加到最少车辆数的十倍,则得到的换电需求曲线如图 3-4 所示。

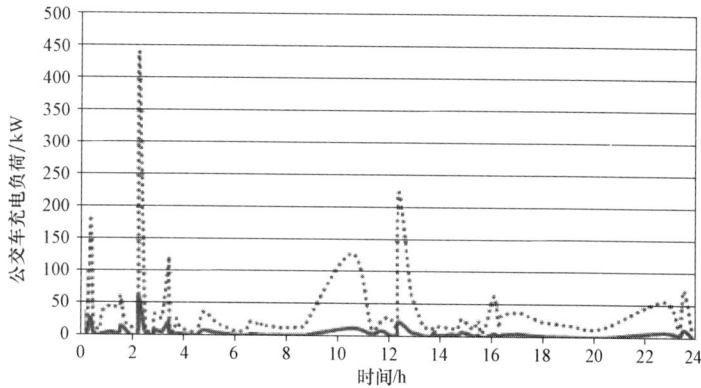

图 3-4　455 路电动公交车规模增加到最少车辆数十倍时的换电需求曲线

从图 3-4 中可以看出,规模增加后所有电动公交车的总充电负荷曲线的峰值比图 3-3 中峰值更为明显。由于数据获取原因,以 2009 年北京市夏季的典型日负荷曲线为例(如图 3-5 所示)。

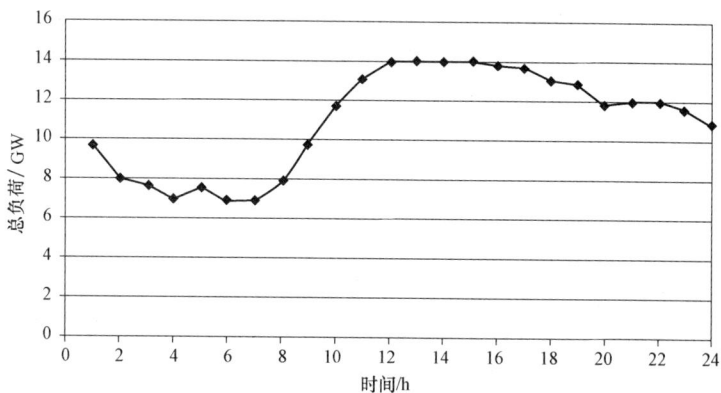

图 3-5　2009 年北京市夏季典型日负荷曲线

由于规模化电动公交车电池组的大功率充电负荷，其高峰期的需求会对电网造成强烈的冲击影响，若按照即换即充的方式，则电池的充电负荷需求会对电网造成巨大的压力。而按照本书中采取的换电方式，对更换的电池组选择电网低负荷时间段进行充电，则会起到填平电网负荷低谷，减缓高峰压力的作用，有利于电网的控制和运营。

根据预测结果分析可知：（1）换电站利用夜晚非高峰期进行充电，电动公交车的储备电池组负荷会发生明显的负荷高峰。（2）在白天充电，负荷高峰基本晚于出行的高峰期，也低于夜晚的负荷高峰值，但如果白天换电站采用即换即充的方式对电池组进行电能补充，则白天的负荷峰值会对换电站的配电网配置和充电设备带来更多的要求，进而对换电站的选址带来更多的限制因素。（3）本部分对采用电动公交车的线路进行了换电电池组数量和电池组日负荷规律的预测，根据结果可知随着运营时间的变化对于储备电池组数量的要求，换电站可以根据日间服务次数和电池购买成本以及配送维护成本等因素，选择最适宜数量的储备电池组，均衡满足运营成本和服务质量的要求。

3.1.5 案例结论

综上所述，本章首先设定了进行需求预测的背景，在"换电为主、插充为辅、集中充电、统一配送"的基本运营模式下设定电动公交车和电动出租车采用换电方式，电动公务车和电动私家车采用充电方式进行电力能源补充。这是由于在按照电动汽车用途分类的基础上，不同用途类型的电动汽车采用充电方式和换电方式的不确定导致需求预测规模无法确定，因此设定了合理的需求预测背景。其次分别对电动公交车的换电需求按照电动公交车投放线路进行日负荷和储备电数量的预测，对电动出租车的换电需求按照投放类型进行日均换电需求次数，电池组日负荷曲线以及储备电池组数量的预测，对电动公务车和电动私家车的充电需求按照日均出行距离进行充电电量和充电负荷的预测。以各用途类型电动汽车的规模作为蒙特卡洛方法模拟次数的基础，得到一天 24 h 内的电力需求规律。

本部分针对不同用途类型电动汽车的预测思路和方法，在实践中可以运用。通过预测得到的电动公交车一条路线的最少车辆数以及电池组储备数量能够为换电站的建设运营以及电池组充电设备容量的配置提供决策依据，通过预测得到的电动出租车的总换电需求次数以及最大服务次数可以为换电站的建设运营和服务管理提供决策依据，通过预测得到的电动公务车和电动私家车的充电需求电量和负荷可以为充电桩的选址建设以及电网的控制规划提供支撑意见。

3.1.6 课后思考

电动汽车已经成为国内新能源汽车领域的重要产品。随着新车型的不断增加，决定车辆安全与续航能力的电池技术不断进步，配套设施的逐步完善，它们正在被越来越多的国内消费者所关注。随着技术的发展，电动汽车在各方面的性能和表现已接近传统燃油汽车，虽然受电池容量所限，在续航里程方面仍然未能有重大突破，但正在大力建设的电力补充基础设施能够暂时解决续航里程不足的问题。

要实现传统能源经济向清洁技术经济转变，未来电动汽车只凭借技术创新是不完整的，还必须同时思考商业模式、政策和市场等因素。只有建立了完善高效的充电设施网络，电动汽车系统才能最终替换燃油汽车系统。完备的充电设施网络布局不仅能提高充电服务企业效益，对于整个电动汽车市场也有很大的促进作用。

根据以上案例，提出以下问题：

（1）按照电动汽车的电力需求，车辆分为哪几种类型？其优缺点是怎样的？

（2）现有的充电方式有哪些？城市电动汽车充电桩的需求与哪些因素有关？

3.2　绿色包装——北京纸塑铝复合包装回收逆向物流环境外部不经济性研究

3.2.1　回收逆向物流与环境外部性理论

1. 回收逆向物流环境外部性的内涵

逆向物流通常包括回收逆向物流和退货逆向物流两部分。退货逆向物流是指消费者将产品退回给供应商所形成的物品实体流动。回收逆向物流是指将消费者所持有的丧失使用价值的产品根据实际需要进行收集、拣选、加工、运输和处置，并分送到相应的需求或处理场所时所形成的物品实体流动。

外部性也称外部效应或外部影响。萨缪尔森在其著作《经济学》中将外部性定义为：当人们在进行生产或消费时，对与生产和消费无关的其他人产生额外的成本或收益时，外部经济效果便发生了；也就是说，在没有管制的情况下，某主体的生产或消费行为对其他主体的福利造成了影响，产生了额外的成本或收益，但又无收益或任何补偿，这就是外部性问题。

由于经济主体的活动对其他人或社会所带来的影响有好有坏，因而外部性可以分为外部经济（或正外部性）和外部不经济（或负外部性）。外部经济是指主体某项活动对周围事物带来了良好的影响，使周围人获益，但并未向获益人收取费用或取得补偿，如植树造林改善了当地的生态环境；而外部不经济是指主体的某项活动对周围环境造成不良影响，而行为人并未为此而付出任何费用或补偿，如河流上游岸边建了一座造纸厂，污水排入河中，使下游居民受害。

回收逆向物流作为一种社会经济活动，在其运作过程中不可避免地对周边环境产生了影响，而这些环境影响对不参与该经济活动的其他主体带来了不利或有利的影响，并对其带来一定的损失或收益。然而这些环境影响却不能通过市场交易（价格机制）表现出来，这就称为回收逆向物流的环境外部性。环境外部性也可分为环境外部经济性和环境外部不经济性两种：对受影响主体有利的环境外部影响称为环境外部经济（也称环境正外部性），对受影响主体带来不利的环境外部影响称为环境外部不经济（也称环境负外部性）。回收逆向物流环境外部不经济主要是指逆向物流在回收那些已经没有使用价值或被人们所抛弃的产品时，给周边的环境带来的不利影响，如回收产品时运输给环境造成的污染等。

2. 回收逆向物流环境外部不经济性分析

回收逆向物流就其本身活动而言，具有其环境外部不经济性。在回收逆向物流运作过程中，废弃产品的聚集、运输、储存以及分拣、拆分和加工，都不可避免地对其周边环境带来不利的影响，造成不同程度的环境污染，见表 3-3。

表 3-3　回收逆向物流环境外部不经济性表现

活动	外部不经济表现
运输环节	废气、粉尘对周围居民的健康造成影响，噪声影响周围居民的听力和睡眠，土地污染使农作物受到污染
回收处理环节	废水的排放对河流水资源的污染损失，以及渔业、工业和生活用水的损失；其他方面的环境污染损失

3.2.2　回收逆向物流环境外部不经济性评价方法

回收逆向物流环境外部不经济性评价主要是通过构建合理的环境外部不经济性评价指标体系，并选取合适的指标变量对各指标进行量化，从而衡量和货币化回收逆向物流带来的环境外部性，为决策者提供有效的决策依据。

回收逆向物流环境不经济性外部性评价指标为环境外部成本，它包括以下两点：

一是运输的环境影响，即运输环境外部成本。二是再生过程的环境污染，即再生过程环境外部成本，包括污染排放环境外部成本、固体废物排放环境外部成本、能源消耗环境外部、噪声环境外部成本。

1. 运输环境外部成本

运输环境外部成本可以通过单位废弃产品运输过程产生的外部成本来衡量。

由于运输过程造成的环境影响比较分散，难以进行准确的计量，因此这里的单位废弃产品运输产生的外部成本主要参考单位产品运输的外部成本。

$$E_1 = Q \times \alpha \times T \times L \times C_t \tag{3-16}$$

其中，Q 表示产品的产量，α 表示产品的回收率，E_1 表示运输过程环境外部成本；T 表示单位回收产品的质量；L 表示单位回收产品的平均运输距离；C_t 表示单位回收产品的运输环境外部成本。

2. 再生过程环境外部成本

1）再生过程污染排放环境外部成本

再生过程污染排放环境外部成本主要通过计算再生过程中污染物质排放的外部成本来计量。

$$E_2 = \sum_{i=1}^{3} g_i \sum_{n=1} Y_{ni} P_n \tag{3-17}$$

其中，E_2 表示再生过程环境外部成本；n 为加工处理回收产品所产生的污染物质种类；Y_{ni} 表示生产第 i 种单位回收产品所产生的第 n 种污染物质的质量；P_n 表示第 n 中污染物质的单位污染物质外部成本；i 表示再生品的分类，包括翻新产品、回收废弃产品零件、原材料再生三种；g_i 表示第 i 种再生品的数量。

2）再生过程固体废弃物排放环境外部成本

$$E_3 = \left(Q \times \alpha - \sum_{i=1}^{3} g_i \right) \times P_G \qquad (3-18)$$

其中，E_3 表示回收加工过程中固体废弃物排放环境外部成本；P_G 表示单位固体废弃物的排放成本。

3）再生过程能源消耗环境外部成本

能源消耗环境外部成本主要通过回收再生过程中所消耗的能源成本来计量。

$$E_4 = \sum_{i=1}^{3} g_i \sum_{b=1}^{1} H_{bi} \times P_b \qquad (3-19)$$

其中，E_4 表示回收产品加工的能源消耗环境外部成本；b 表示能源的种类；H_{bi} 表示生产第 i 种单位回收产品所需消耗的第 b 种能源量；P_b 表示第 b 种能源的影子价格。

4）再生过程噪声环境外部成本

噪声环境外部成本计量选用陈林在其《我国机场环境外部成本及内部化研究》一文中所采用的噪声环境外部成本计量模型。

$$E_5 = \delta \times P_v \times (U_a - U_0) \times W \qquad (3-20)$$

其中，E_5 表示噪音环境外部成本；δ 表示噪声的贬值指数，为百分比的形式；P_v 是加工厂周边房屋的年平均租金；δP_v 表示单位噪声导致的工厂周边某处房屋的年平均租金损失；U_a 表示工厂噪声起作用区域的噪声水平，U_0 表示无损害噪声水平，即在该噪声水平下，居民不会感受到明显的噪声干扰；W 表示处于工厂噪声区域的房屋数量。噪声贬值指数因各国的经济发展水平、周边居民的承受程度等因素的不同而不同，为了简化研究，在本案例中设定我国的噪声贬值指数为 1%。

3.2.3 案例企业的回收逆向物流环境外部不经济性分析

1. 北京纸塑铝复合包装概况

随着人们对商品品质的需求不断提高，产品包装的基本材料如塑料、纸、玻璃、木材等已经不能满足人们的需求。纸塑铝复合包装材料因其阻光性、恒温性、无毒性以及较为低廉的成本等特点被人们广泛地应用于食品、药品、化学品及日用品等包装领域。纸塑铝复合包装主要是由纸、铝、塑料复合而成的六层纸基复合包装，主要的成分为 75% 的优质纸浆、16% 的低密度聚乙烯塑料以及 4% 的铝。典型的纸塑铝复合包装产品包括利乐公司的利乐包、康美公司的康美包以及国际纸业的屋顶盒，其结构基本上都是由单层或多层纸塑铝复合而成的，利乐包装的结构如图 3-6 所示。

目前许多的消费者不了解纸塑铝复合包装可以通过回收实现再生利用，因此往往随手就将废包装扔掉，使它们成了一种"放错了地方的资源"。例如，利乐包装是含有75%的长纤维优质纸浆、5%的铝和20%的塑料，专业造纸厂家通过对回收的利乐包装进行处理和加工，能够生产出再生纸、地板、衣架、托盘等，既有益于环保，又能产生良好的经济效益。

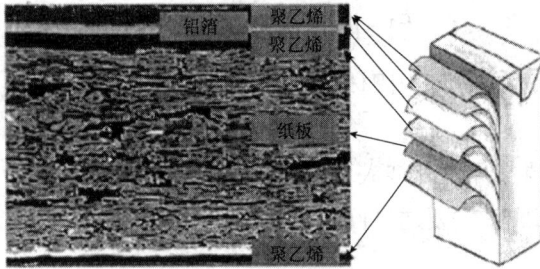

图 3-6　利乐包装的结构

近几年，北京开始逐渐推动环保产业链的升级，并根据实际情况，持续开展因地制宜、循序渐进地环保活动。2015 年，北京已建成近 4 200 个再生资源回收站点，初步形成社区站点回收、电话预约回收和网上回收相结合的服务体系。纸塑铝复合包装已被北京一些再生资源回收站点列入回收名录。

2. 北京纸塑铝复合包装回收逆向物流环境外部不经济性评价

根据前文对回收逆向物流环境外部不经济性的分析，同时结合纸塑铝复合包装回收的特点，选取表 3-4 中的评价指标对北京纸塑铝复合包装回收逆向物流环境外部不经济性进行评价。

表 3-4　北京纸塑铝复合包装环境外部成本构成

	准则层	变量层
环境外部成本	纸塑铝复合包装的收集、转运产生的污染	运输环境外部成本
	纸塑铝复合包装再利用过程产生的环境污染	污染排放环境外部成本
		固体废弃物排放环境外部成本
		能源消耗环境外部成本
		噪声环境外部成本

根据上述确定的评价指标，搜集相关的北京纸塑铝复合包装回收逆向物流的相关数据，作为回收逆向物流环境外部不经济性量化评价的依据。北京 2007 年纸塑铝复合包装废弃量大约为 1.92×10^4 t，而有效回收加工量大约为 7 000 t，回收率为 36.5%。因此，$Q = 1.92 \times 10^4$ t；$\alpha = 36.5\%$。

1）运输环境外部成本

北京纸塑铝复合包装再生企业距离打包点距离为 68.5 m，纸塑铝复合包装回收点到其打包中转点的距离为 40 km，因此每吨纸塑铝废弃包装运输到再生企业需要运输 108.5 km。不同运输方式的环境外部成本主要参考吴为平的计算成本清单，见表 3-5。

表 3-5 不同运输方式的环境外部成本清单

单位：分/（t·km）

	公路	铁路	民航
噪声污染	0.161	0.041	—
空气污染	5.789	0.264	—
气候变化	1.784	0.064	2.704

废弃纸塑铝复合包装运输过程中的环境外部成本计算如下：

$$E_1 = 7\,000 \times 108.5 \times (0.161 + 5.789 + 1.784)/100 = 5\,873\,973（元）$$

2）回收加工产生的固体废弃物排放环境外部成本

废弃纸塑铝复合包装加工之后剩余的部分废弃物，难以进行进一步分离。由于北京市政垃圾低位热值偏低不利于焚烧处理，且北京市政垃圾约 90% 以填埋为主，所以按卫生填埋处置计算，填埋阶段的污染物质排放清单见表 3-6。

表 3-6 纸塑铝复合包装填埋处理时污染物质排放清单

污染物质种类	CO_2	CH_4	SO_x	NO_x
排放量/kg	0.11	0.047 2	0.000 34	$1.741\,7 \times 10^{-5}$
污染排放种类	CO	PM	COD	BOD
排放量/kg	5.625×10^{-6}	5.383×10^{-5}	0.027 5	0.013 33

纸塑铝复合包装填埋阶段能源消耗数据可参考 Francescol 等关于生活垃圾卫生填埋的能源消耗量，具体数值见表 3-7。

表 3-7 纸塑铝复合包装填埋处理时能源消耗清单

能源类型	煤	原油	天然气
单位填埋的能源消耗	1.067×10^{-3} kg	1.808×10^{-5} kg	9.188×10^{-3} m³

固体废弃物排放环境外部成本的计算结果如下：

$$
\begin{aligned}
E_2 = 7\,000\,000 \times \{ & 0.11 \times 0.013 + 0.047\,2 \times 0.244 + 0.000\,034\,8 \times 4 + 1.741\,7 \times 10^{-5} \times \\
& 3.98 + 5.626 \times 10^{-6} \times 0.108 + 5.383 \times 10^{-5} \times 109 + 0.027\,5 \times 1.67 + 0.013\,333 \times 3 + \\
& 1.067 \times 10^{-3} \times 0.613 + 1.808 \times 10^{-5} \times 4.93 + 9.188 \times 10^{-3} \times 2.85 \} = 942\,152.42（元）
\end{aligned}
$$

3）污染物排放环境外部成本

北京利乐包装有限公司的调研数据显示，生产 30 kg 的纸塑铝复合牛奶包装需要消耗天然气 0.15 m³，消耗电量 6.18 kW·h。再结合纸塑铝复合包装加工过程中所产生的污染物质排放数据，得出回收再生过程中污染物质排放清单见表3-8。

表3-8 回收再生过程中污染物质排放清单

污染物质种类	CO_2	CH_4	SO_x	NO_x
排放量/kg	1.54	6.33×10^{-3}	1.47×10^{-2}	9.11×10^{-3}
污染排放种类	CO	PM	COD	BOD
排放量/kg	2.11×10^{-3}	3.10×10^{-2}	0	0

回收的纸塑铝复合包装处置过程中排放的环境外部成本的计算结果如下：

$$E_3 = 7\,000\,000 \times 60\% \times \{1.54 \times 0.013 + 0.006\,33 \times 0.244 + 0.014\,7 \times 84 + 0.009\,11 \times$$
$$3.98 + 0.108 \times 0.002\,1 + 0.031 \times 109\} = 19\,641\,728.4（元）$$

4）再生利用过程中能源消耗环境外部成本

纸塑铝复合包装再生利用过程中的能源消耗见表3-9。

表3-9 纸塑铝复合包装再生利用过程中的能源消耗

能源类型	煤	原油	天然气
能源消耗	7.53×10^{-1}	5.33×10^{-3}	4.38×10^{-3}

能源的消耗环境外部成本计算结果如下：

$$E_4 = 7\,000\,000 \times 60\% \times (0.754 \times 0.613 + 0.004\,39 \times 2.85 + 0.006\,126 \times 4.93)$$
$$= 2\,093\,876.98（元）$$

5）噪音环境外部成本

根据有关资料显示，北京2类区（居住、商业、工业混杂区）、3类区（工业区）和4a类区（交通干线两侧区域）昼间等效声级年均值达到国家标准。对于处在工业区和工业混杂区的再生企业的回收加工过程的噪声并没有超过国家规定的标准，因此加工再生过程的噪音对周边的居民的影响不大，噪音环境外部成本较少，可以忽略不计

3.2.4 案例结论

依据上述各个指标的计算结果，汇总北京废弃纸塑铝复合包装逆向回收物流活动总的环境外部成本为：28 551 730.8 元。利用前文构建的环境外部成本评价体系，本案例对北京废弃纸塑铝复合包装回收逆向物流的环境外部不经济性进行了评估，可以看出废弃纸塑铝复合包装再生过程中的环境外部不经济性显著。在环境外部成本指标中，回收再生过程的污染排放环境外部成本在整个环境外部成本中所占的比例是最大的，它的环境外部不经济性是最为显著。综上可知，应该改善废弃纸塑铝复合包装回收再生技术，减少再生过程的污染排放，如引进最新的纸塑铝分离技术，实现废弃纸塑铝复合包装包装材料的全面回收。

3.2.5　课后思考

由于利润动机的驱使，生产者进行生产的目的就是要生产更多的产品，获得更高的利润。为达到这一目的，生产者一般不会对其生产过程中产生的废弃物进行处理。因而要解决环境问题的外部不经济性，就应该将外部不经济性内部化，根据这一理论的要求，国际经济合作与发展组织提出了污染者负担的原则。为了解决环境污染，人们必须研究排污者的排污行为，以采取必要的措施，限制排污者向环境排放污染物，从达到保护环境的目的，控制向环境排放污染物，国家可以通过宏现政策，选择排污少的现代化发展道路。

对北京废弃纸塑铝复合包装回收逆向物流的环境外部不经济性进行分析评估，可以看出其回收再生过程虽然很重要，但其环境污染外部成本在整个环境外部成本中所占的比例也很大，有一定的外部不经济性。所以应该努力减少这个过程的环境污染，引进新的环保技术，否则生产厂家将履行污染者付费的原则，由生产者本身承担治理污染的费用减少这部分的环境成本。

根据以上内容，考虑以下问题：

（1）举例谈谈什么是外部经济性和外部不经济性。

（2）案例中是通过哪几个方面来计算废弃纸塑铝复合包装回收逆向物流的外部不经济性成本的？

3.3　绿色装卸搬运——降低中国邮政某分拨中心分拣的能源消耗

3.3.1　自动分拣和批量分拣

1. 自动分拣

分拣是指根据品种、地点和顾客的订货要求，把货物按一定方式进行分类、集中并分配到指定地点。

按分拣的手段不同，分拣可分为人工分拣、机械分拣和自动分拣。其中，自动分拣是指在从货物进入分拣系统直到将货物送到指定的分配位置的过程中，货物的运送都是按照一定的指令，依靠自动分拣装置来完成的。

自动分拣设备的结构如图 3-7 所示。

自动分拣机可分为带式分拣机、托盘式分拣机、翻板式分拣机、浮出式分拣机、悬挂式分拣机、滚柱式分拣机。

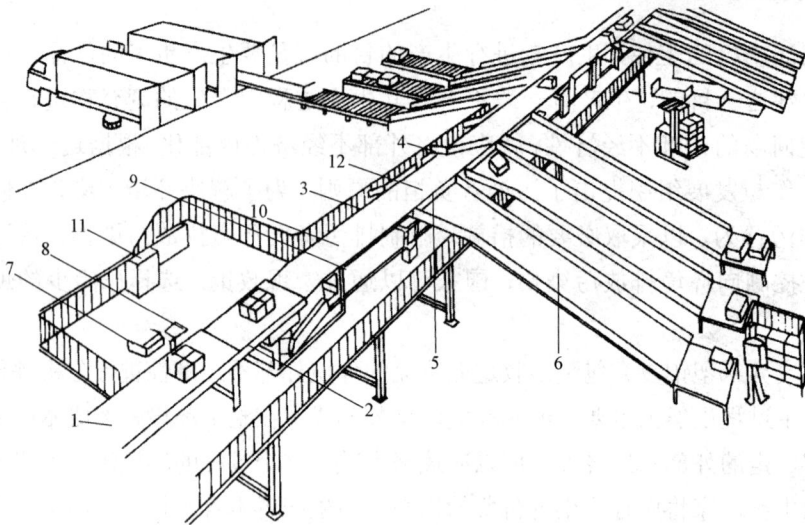

图 3-7 自动分拣设备的结构

1—输入分拣带；2—喂料分拣带；3—钢带分拣带；4—刮板式分流器；5—送出辊道；6—分拣道口；7—信号给定器；
8—激光读码器；9—通过捡出器；10—磁信号发生器；11—控制器；12—磁信号读取器

邮政快递企业常用的自动分拣机是翻板式分拣机（如图 3-8 所示）。翻板式分拣机属"倾翻型"，它的传送部分是由并列的窄状翻板组成的，翻板宽为 200 mm，长度为 600～900 mm，由 3～6 块翻板组成一组承载单元，翻板的块数取决于被拣货物的长度，为 600～2 000 mm，翻板可向两侧倾翻 30°。在分拣货物时，每一组承载单元前后的翻板陆续倾翻，使长件货物能平稳地转向翻入分拣道口。翻板式分拣机的特点是能分拣长件货物，分拣传送线也能转弯和倾斜，传送线速度最大达 150 m/min，最大分拣能力达 12 000 件/h，分拣货物重量最大为 75 kg，最小为 0.2 kg；包装尺寸最大为 750 mm×650 mm×500 mm，最小为100 mm×50 mm×10 mm。

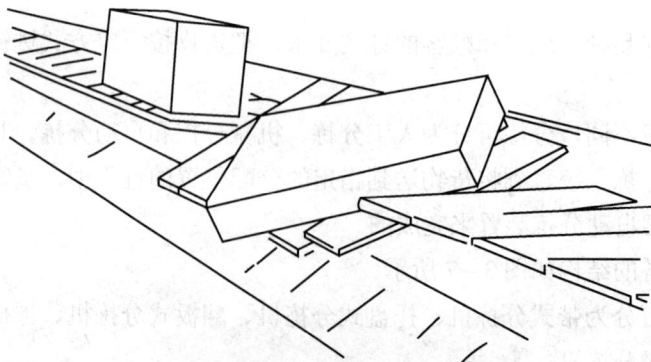

图 3-8 翻板式分拣机

2. 批量分拣

批量分拣是指操作者同时分拣多个订单，它的优点是操作者在仓库中走一趟就可完成多个订单的分拣任务。

批量分拣的特点如下。

（1）批量分拣可以更好地发挥规模效益，通过降低传送带的空载率来提高运作效率，发挥规模效益。

（2）流程复杂，错误率相对比较高。传送带上的货位间距很小，而在实际操作中，每件货物的体积、形状都不可能达到统一的标准，要想达到每个传送带翻板上都装载货物进行分拣，那么分拣错误率也将明显提高，同时，如果分拣设备每天都是满载运转，也势必会降低其使用寿命。

（3）灵活性较差，存在停滞时间。批量分拣运作中，必须等待订单达到一定数量才进行一次处理，因此存在一定的停滞时间，对到来的订单无法做出及时反应，只有根据等待订单到达时间的具体情况分析的状况等候分析，决定出合适的批量大小，才能将停滞时间减至最低。另外，对于紧急订单，很难插入到正在进行的捡取运作中，不能灵活地调整配货的先后次序。

3.3.2　案例分析与问题

1. 中国邮政某分拣中心

中铁 JS 物流有限公司（以下简称 JS 公司）成立于 2004 年 5 月 18 日，为中铁快运股份有限公司旗下全资子公司。JS 公司物流基地占地 20 万 m^2，总建筑面积为 10 万 m^2，建有 3 个大型库房以及中铁吉盛物流大厦。其中，三号库现为中国邮政某分拣中心，建筑面积大约 2 万 m^2，是北京市比较大的邮件分拣处理中心、行邮总包转运和物流集散处理中心。2003 年 9 月 16 日，铁道部和国家邮政局签署战略合作框架协议，开发以行邮专列为主要载体的运输产品。2008 年，中国邮政某分拣中心进驻 JS 公司的三号库，形成铁邮联运的战略合作平台。

中国邮政某分拣中心的分拣机规模很大，共有 4 个工作台，多个档口。每个工作台处理邮件的作业速率为 300 袋/（台·h），而不同的档口对应着不同的发件目的地。分拣机采用光电识别原理，以邮包上机的扫描时间差识别邮包和承载邮包小车的匹配，并在正确的档口倾斜小车，将邮包推下。无法扫描识别的邮包则会被直接推下分拣机，改由人工进行分拣。小批量的邮包则不会用到分拣机，直接由人工进行分拣。邮包分轻件、重件，或者普包、中包、快包，不同的邮包上有不同的标签标识。整个分拣中心的分拣作业整齐有序，各个档口码放着分拣好的邮包，虽然人工也占了分拣作业中的一部分，但大型分拣机的使用是分拣中心能够快速处理大批量邮件的重要支持。

2. 分拣中心自动化分拣设备运作情况分析

通过参观中国邮政某分拣中心，第一次见到了正在运转中的大型分拣设备。该分拣中心采用的是半自动分拣设备，为翻板式分拣机。翻板式分拣机的优点是：能从多处送入货物；分拣道口可两侧布置；道口间距极小，故可布置较多的道口，位置灵活，经济性好；能分拣极小的货物。翻板式分拣机的缺点是：对货物有撞击、噪声大；营运费用高；不适宜较大、较重、较高的货物。

每天大约有 25 辆运送邮包的专门车辆到达中国邮政某分拣中心，平均每车运送 280～400 件货物（根据每件邮包的重量和大小调整每车装载邮包的数量）。大型分拣设备每天运转 24 h，每天耗电量为 528 kW·h。每天平均分拣 11 000 件货物，其中大型分拣设备分拣 8 000 件。在暑期大型分拣设备运送皮带上共有 166 个分拣货位，每个货位最大承受的重量为 40 kg，若超过限重，则通过人工分拣方式进行分拣。另外每件货物从投递开始计算，72 h 内必须送达目的地。

据观察，在设备运作时并不是每个输送带上的货位都会运载货物，而是小到每隔 4 个、大到每隔 16 个货位才有一个邮包出现。鉴于以上情况，我们认为分拣设备虽然自动化程度高，且省时省力，但存在一定的空耗情况。因此，通过查阅相应文献，我们建议中国邮政某分拣中心可以通过批量分拣的方式改进设备持续运转的状况，降低能耗，实现绿色、低能耗、高效率运转。

3.3.3 解决方案

针对案例，批量分拣是指在该分拣中心分拣设备利用率不高的情况下，通过适当积攒待分拣货物，根据合理计算得出的时间间隔进行货物分拣，更有效地利用设备。

根据现场收集到的数据，计算出传送带的运行效率见表 3-10。

表 3-10　货位间隔出现概率表

间隔个数	出现概率/%
5	20
10	50
15	20
20	10

平均间隔个数为：5×20%＋10×50%＋15×20%＋20×10%＝11 个，即每 11 个翻板货位会运送一件货物，传输带每一圈可以分拣货物为：166／11＝15.09（件），每天分拣设备的分拣量为 8 000 件，那么分拣设备每转一圈所需的时间为：(24×60)／(8 000／15.09)＝2.72（min），平均处理一件货物需要的时间为：2.72／15.09＝0.18（min）。如果将每个装载货物的翻板平均间隔降低为 10 个时可以得到：

分拣设备每转一圈可处理货物166／10＝16.6（件）；

处理 8 000 件货物需要运转 8 000／16.6＝481.92（圈）；

每天所需运行时间总和为 481.92×2.72/60 = 21.84（h），每天所需电量为 21.84×22 = 480.48（kW·h）；每天可节约 528 − 480.48 = 47.52 ≈ 48（kW·h）。

根据以上的计算思路，可以列出表 3−11：

表 3−11　合理优化后每天可节约电量表

翻板间隔/个	每圈处理货物量/件	每天运转圈数/圈	每天运转时间总和/h	每天所需电量/（kW·h）	每天可节约电量/（kW·h）
10	17	482	22	481	47
9	18	434	20	433	95
8	21	386	17	385	143
7	24	337	15	336	192
6	28	289	13	288	240
5	33	241	11	240	288
4	42	193	9	192	336
3	55	145	7	144	384
2	83	96	4	96	432
1	166	48	2	48	480

根据表 3−11，可以比较清楚地看到通过降低翻板间隔、降低每天的运行时长来降低能源消耗的方法还是很有效果的。但更应该注意到实际操作中的种种限制因素，最终确定最适合的优化方法。

需要考虑的限制因素如下：

（1）每天平均共分拣 11 000 件货物，其中由大型分拣设备分拣 8 000 件。每天货物分拣总量峰值有时会达到 20 000 件。

（2）每件货物从投递开始计算，72 h 内必须送达目的地。

鉴于以上限制因素及优化选择，本案例认为将翻板平均间隔降低到 8 个较为合理。同时通过加大每小时的分拣数量，可以在一定程度上降低每天人工操作的时间。调节后，适当将人员抽调到手工分拣及核实等岗位工作，实现更合理的分配。

具体分拣批次与时间安排如下：

大型分拣设备平均每小时运转约 23 圈，每圈可分拣约 21 件货物，则每小时可以分拣货物 23×21 = 483（件）。假设分拣设备以每 3 h 为一个作业时间单位，那么每 3 h 可以处理货物 483×3 = 1 449（件）。

通过了解到的情况，每个运送包裹的车辆平均装载货物 340 件，那么每到达 4 辆运送车辆，将会产生货物 340×4 = 1 360（件）。此时大型分拣设备开始运作，进行分拣作业。

3.3.4　结论与不足

在调整间隔后，批量在整体消耗方面有了比较明显的节约，但是由于通过积攒一定批量货物后再进行操作的方式下，在操作流畅性及高峰时期分拣效率方面，稍显不足。

1. 操作流畅性及场地安排

在应用批量分拣方式后，势必会影响到人员的调动以及每个流转循环之间货物的处理问题。比如在货物积攒数量未达到规定的批量（如 1 449 件）时，工作人员应将货物进行怎样的摆放处理。目前的分拣场地安排，比较适合货物一到达就进行分拣的"即时"处理方式，即分拣最初环节的存放区域比较小，而分拣之后的长时间存放区域位置较大。如果要实行新的分拣策略，场地安排问题势必要成为一个比较大的制约。

2. 高峰时期分拣效率

通过工作人员的讲解我们得知，以上得到的数据都是没有季节、假日等特殊因素的平均值，但是每年的春节前后以及大学生假期前后都是大型包裹运输的高峰时期，有时每日的分拣作业量甚至能达到每天 20 000 件，是平均水平的两倍。每到这个时候，工人们采取的是加班加点以及增派人手进行手工分拣的方式进行解决，也就意味着批量分拣的方式在这个时间段将不再适用。

3. 72 h 时间限制

国家对包裹在邮政流转时间做了非常严格的规定，要求其集中收取包裹后，必须在 72 h 之内将包裹送至邮寄地址所在的区域分拨处，之后在进行最后的派发。这个也就给批量运转的实行造成了一定的限制。

对于每辆运送车，不可能保证每件货物都具有相同的剩余流转时间，有的货物需要马上分拣并且发出，以保证达到国家对货物 72 h 流转时间的要求，而有些货物则有充足的时间等待稍后分拣。如何将这些剩余流转时间不同的货物分开并且合理规划分拣批次，也是我们之后需要解决的一个问题。

3.3.5　课后思考

近年来，通过将各种大型分拣设备应用到分拣作业中，在节约人力的同时极大地提高了分拣效率，但机器运作总会出现空载或不能及时反馈出错等问题。在半自动化过程中，人工分拣可以灵活地发现问题、反馈问题和处理问题。比如在了解了邮政华北分拨中心的分拣情况后，建议可以通过合理优化分拣处理的过程来达到批量来节约能源，降低消耗的目的。

根据以上案例提出以下问题：

（1）谈谈本案例是运用何种方法来优化分拣方法，逐步降低能耗的？

（2）请找一家物流企业，通过实地了解机器设备的能耗，来提出节约能源的方法。

第4章 绿色采购——电泳铸件供应商绿色评价与选择

4.1 评 价 方 法

4.1.1 层次分析法

AHP 层次分析法是美国运筹学家 T. L. Saaty 教授于 20 世纪 70 年代提出的一种实用的多方案或多目标的决策方法，是一种定性与定量相结合的决策分析方法。常被运用于多目标、多准则、多要素、多层次的非结构化的复杂决策问题，特别是战略决策问题。

层次分析法首先将决策问题按总目标、各层子目标、评价准则直至具体的备选方案的顺序分解为不同的层次结构；然后用求解判断矩阵特征向量的办法，求得每一层次的各元素对上一层次某元素的优先权重；最后再用加权求和的方法排序检验，确定各备选方案对总目标的最终权重，此最终权重最大者即为最优方案。

用层次分析法确定系统中各因素的相对重要性的步骤如下。

1. 建立层次结构模型

供应商评价与选择问题的层次结构模型可以分为四层（如图 4-1 所示），目标层、准

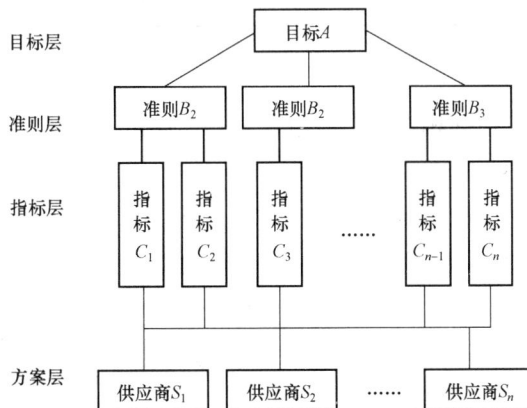

图 4-1 层次分析法评价指标体系

则层、方案层。目标层是决策问题，也就是选择合理的供应商；准则层是评价的标准；指标层，是评价方案的指标因素，对于供应商评价一般包括质量、价格等因素；方案层则是可供选择的不同方案。

2. 构造两两判断矩阵

根据所构造的层次结构模型中各层因素的相对重要性，两两比较构造相应的判断矩阵，计算下一层对上一层相关因素的相对重要性。可采用 1−9 标度法构造判断矩阵。判断矩阵的基本形式如图 4−2。

$$
\begin{array}{c|cccc}
A-B & B_1 & B_2 & L & B_n \\
\hline
B_1 & b_{11} & b_{12} & L & b_{1n} \\
B_2 & b_{21} & b_{22} & L & b_{2n} \\
M & M & M & & M \\
B_n & b_{n1} & b_{n2} & L & b_{nn}
\end{array}
$$

图 4−2　判断矩阵的基本形式

其中，b_{ij} 表示因素 b_j 较因素 b_j 相对于上一层因素 A 的重要性比例标度。可以选取 1−9 标度法表示，标度的含义见表 4−1。

表 4−1　标度的含义和说明

标度	定义	说　明
1	同等重要	两元素相比较，同等重要
3	稍微重要	两元素相比较，一个比另一个稍微重要
5	明显重要	两元素相比较，一个比另一个明显重要
7	强烈重要	两元素相比较，一个比另一个强烈重要
9	极端重要	两元素相比较，一个比另一个极端重要
2、4、6、8		以上标度的中间值
倒数值		若元素 b_i 与 b_j 相比较得到的相对重要性为 b_{ij}，则元素 b 相对于元素 b 的重要性为 $1/b$

3. 计算相对权重

给出各个供应商对应指标相对重要性取值，归一化处理后计算相应的权重，即准则 B 对于目标 A 的相对权重为：

$$W^{(1)} = (W_1^{(1)}, \ W_2^{(1)}, \ \cdots, \ W_n^{(1)})^\mathrm{T} \tag{4-1}$$

指标 C 对准则 B 的相对权重为：

$$W^{(2)} = (W_1^{(2)}, \ W_2^{(2)}, \ \cdots, \ W_n^{(2)})^\mathrm{T} \tag{4-2}$$

可用和积法来计算相对权重 $W^{(1)}$、$W^{(2)}$，步骤如下：

（1）将判断矩阵按列归一化；

（2）求各行之和；

（3）归一化处理。

4. 一致性检验

对标准化处理后的判断进行一致性检验，检验指标为 CR，公式为：

$$CR = CI / RI \qquad (4-3)$$

其中，$CI = (\lambda_{max} - n) / (n-1)$，其中 λ_{max} 为矩阵最大特征值，n 为矩阵阶数。当 $CI = 0$ 时，矩阵具有完全一致性，CI 值越大，则矩阵的一致性就越差。一般 $CI \in （0，1）$，则认为矩阵的一致性可以接受。不满足条件的矩阵可以使用一致性比率 CR 作为一致性检验指标，同理当 $CR \in （0，1）$ 时，通过一致性检验，否则需要重新调整矩阵。其中，RI 为随机一致性指标，取值见表 4-2。

表 4-2　随机一致性指标

n	1	2	3	4	5	6	7	8	9	10
RI	0	0	0.52	0.89	1.12	1.26	1.36	1.41	1.46	1.49

5. 计算综合权重

综合权重是指标层相对于目标层的权重，即下文优劣解距离法的评价系数。

$$\boldsymbol{W} = \boldsymbol{W}^{(2)} \boldsymbol{W}^{(1)} \qquad (4-4)$$

4.1.2　优劣解距离法

优劣解距离法是多目标决策分析中一种常用的有效方法，它通过检测评价对象与最优解、最劣解的距离来进行排序，若评价对象最靠近最优解同时又最远离最劣解，则为最好；否则不为最优。其中最优解的各指标值都达到各评价指标的最优值，最劣解的各指标值都达到各评价指标的最差值。

优劣解距离法进行供应商评价优选的步骤如下：

（1）对 n 个供应商的 m 个评价指标构成的判断矩阵 $\boldsymbol{X} = (x_{ij})_{n \times m}$ 用和积法进归一化处理，可得到判断矩阵 $\boldsymbol{Y}$，并根据式（4-4）所确定的权重系数 W_j 构造权决策矩阵。

$$\boldsymbol{Z} = (z_{ij})_{n \times m}（i = 1，2，3，\cdots，n;\quad j = 1，2，3，\cdots，m） \qquad (4-5)$$

其中，x_{ij}，z_{ij} 分别为供应商评价指标构成的判断矩阵和加权决策表中第 i 行 j 列指标取值：

$$z_{ij} = W_j \cdot y_{ij} \qquad (4-6)$$

（2）确定正负理想解并计算各方案与正理想解 S^+ 和负理想解 S^- 的距离 D_i。

$$S^+ = \{(\max z_{ij} | j \in I_1)，（\max z_{ij} | j \in I_2)\} \qquad (4-7)$$

$$S^- = \{(\max z_{ij} | j \in I_1)，（\max z_{ij} | j \in I_2)\} \qquad (4-8)$$

其中，I_1 是效益型指标，I_2 是成本型指标。

方案与正负理想解的距离为

$$D_i^+ = \sqrt{\sum_{j=1}^{m}(z_{ij} - S^+)^2} \qquad (4-9)$$

$$D_i^- = \sqrt{\sum_{j=1}^{m}(z_{ij} - S^-)^2} \qquad (4-10)$$

（3）计算相对贴近度，得出最优解。最优解是与最优目标距离最近，且与最劣目标相距最远的解，本案例通过计算各目标与理想解的贴近度作为决策依据，相对贴近度越大，则方案越优。用 η_i 表示相对贴近度，则：

$$\eta_i = D_i^- / (D_i^+ + D_i^-) \qquad (4-11)$$

其中，$\eta_i \in [0, 1]$。

基于此，本案例根据供应商的特点选择了层次分析法和优劣解距离法相结合的评价方法。层次分析法不仅可以将供应商评价这一复杂问题层次化、简单化，还充分反映了专家意见；优劣解距离法最优解则兼顾了效益型指标和成本型指标，且计算简单易行。层次分析法和优劣解距离法两者结合不仅避免了人为主观判断引起的评价结果偏差，又避免了使用单一评价方法引起的评价结果的片面和不客观现象。

4.2　案例企业背景及供应商状况

本案例以北京某汽车公司的电泳压铸件供应商为例，利用前文所建立的供应商评价指标体系和基于层次分析法和优劣解距离法优选模型对该企业的电泳压铸件供应商进行评价和选择。

4.2.1　目前供应商评价与选择现状

1. 北京某汽车公司背景及采购情况介绍

北京某汽车公司具备年产 10 万辆汽车的生产能力。该汽车公司主要是引进成熟车型进行国产化生产，如梅赛德斯–奔驰 E 级、梅赛德斯–C 级轿车等产品。除少量本土化改动外，主要的设计工作均在国外完成。

北京某汽车公司并不生产汽车零部件，主要采用外购的方式，然后经过该公司的生产线的焊接、涂装、总装等工序形成成品车。其选择供应商的过程需要采购部、研发中心、质量部、物流部等共同协作完成。在零部件的采购上，80%的零部件在国内采购，以降低产品成本。公司采取严格的筛选方式，确定其零部件供应商。每种零部件一般有 3~5 家备选供应商，在确保产品质量的前提下，选择价格有竞争力的供应商是公司现行供应商评价体系的核心目标，而忽略了考评供应商的其他因素，如可持续发展能力、开发能力等。在以往和压铸件供应商合作的过程中，经常发生因为供应商生产工艺达不到国家相关环境保护法律法规的要求，而中断供货的情况。

2. 北京某汽车公司零部件供应商评价的不足

根据北京某汽车公司可持续发展的战略规划，其供应商评价和选择机制显得不是非常健全的，评价方法也不是很科学和规范，主要总结为以下两方面的问题。

1）对不同类型的供应商没有区分评价

目前该公司使用一个评价标准评价和选择所有供应商，没有针对性地评价会造成资源浪费，甚至错失优秀供应商。汽车的零部件数目和种类众多，不同零部件工艺标准也不同，所以，应该有针对性地根据不同种类的零部件制订不同的评价标准去选择和评价相应供应商，这样评价结果才更科学客观。本案例基于此分类思想，针对占汽车零部件 40%比例的压铸件，根据其生产工艺特点单独制订评价指标体系。

2）评价方法不科学

目前公司的评价结果主要是由采购部对评审小组的打分情况进行简单的汇总计算，就作为供应商评价的结果，这种粗糙的计算方法没能充分考虑各定性指标和定量指标的区别以及其重要程度，不合理且不严谨，不利于优选出优质供应商。

为此，本案例结合了层次分析法和优劣解距离法，首先用层次分析法确定各指标的权重，然后运用优劣解距离法进行供应商优选，避免了使用单一方法的片面性，有效规避了专家打分引起的评价结果主观偏差。

4.2.2　北京某汽车公司电泳压铸件供应商评价与选择步骤

根据上述问题和供应商的状况，本案例制订了一个电泳压铸件供应商评价指标体系，见表 4-3。

表 4-3　电泳压铸件供应商评价指标体系

目标层	准则层	指标层
电泳压铸件供应商绿色综合评价指标体系 A	质量因素 B_1	产品合格率 C_1 产品返修率 C_2 产品退货率 C_3 质量体系认证 C_4
	产品价格和服务因素 B_2	单位产品成本（含运输成本）C_5 模具价格 C_6 订货准确率 C_7 交货及时率 C_8 售前、售后服务水平 C_9
	财务状况 B_3	资金周转率 C_{10} 贷款比重 C_{11} 资产负债率 C_{12} 净资产收益率 C_{13}
	公司管理水平 B_4	一线工人和管理层素质 C_{14} 内部信息化水平 C_{15} 员工离职率 C_{16} 二级供应商管理水平 C_{17}

目标层	准则层	指标层
电泳压铸件供应商绿色综合评价指标体系 A	竞争力和信誉 B_5	设备状况 C_{18} 研究开发 C_{19} 发展战略 C_{20} 信誉水平 C_{21} 企业文化 C_{22}
	环境因素 B_6	资源利用率（包装回收率 C_{23}、单位产品能源消耗度 C_{24}） 环境影响（单位产品废渣、废液比 C_{25}、清洁生产 C_{26}） 其他（产品 ISO 14001 认证 C_{27}）

1. 运用层次分析法确定指标权重

1）确定指标相对权重

运用 1-9 标度法，由专家小组构建评价指标体系中准则 B 相对目标 A 的判断矩阵，并计算相对权重 $W^{(1)}$，见表 4-4。

表 4-4　准则 B 相对目标 A 的判断矩阵及相对权重

$A-B$	B_1	B_2	B_3	B_4	B_5	B_6	$W^{(1)}$
B_1	1	2	3	5	5	4	0.375 8
B_2	1/2	1	3	4	4	3	0.265 7
B_3	1/3	1/3	1	2	3	2	0.138 8
B_4	1/5	1/4	1/2	1	2	1	0.079 9
B_5	1/5	1/4	1/3	1/2	1	1/2	0.053 3
B_6	1/4	1/3	1/2	1	2	1	0.086 6

由上表 4-4 可知，准则 B 相对目标 A 的相对权重为：

$$W^{(1)} = (0.375\ 8,\ 0.265\ 7,\ 0.138\ 8,\ 0.079\ 9,\ 0.053\ 3,\ 0.086\ 6)^{\mathrm{T}}$$

一致性检验结果：CR = 0.034 ≤ 0.01

准则 B_1 相对标准 A 的判断矩阵及相对权重见表 4-5。

表 4-5　准则 B_1 相对标准 A 的判断矩阵及相对权重

B_1-C	C_1	C_2	C_3	C_4	W^1_{C-B}
C_1	1	5	4	3	0.543 3
C_2	1/5	1	1/2	1/3	0.084 7
C_3	1/4	2	1	1/2	0.139 7
C_4	1/3	3	2	1	0.233 3

由表 4-5 可知，指标 C_1 至 C_4 相对 B_1 的权重为：

$$W^1_{C-B} = （0.542\ 3,\ 0.084\ 7,\ 0.139\ 7,\ 0.233\ 3）^T$$

一致性检验结果：CR = 0.039 ≤ 0.01

所以，准则 B_1 中的各指标 C_n 相对于目标 A 的相对权重为：

$$W_1^{(2)} = W_{11}^{(1)}\ W^1_{C-B} = （0.203\ 8,\ 0.031\ 8,\ 0.052\ 5,\ 0.087\ 7）^T$$

其中，W^1_{C-B} 表示指标 C 对准则 B 的相对权重，$W_{11}^{(1)}$ 表示 $W^{(1)}$ 中第一行第一个数，下同。

准则 B_2 相对指标 A 的判断矩阵及相对权重见表 4－6。

表 4－6　准则 B_2 相对目标 A 的判断矩阵及相对权重

$B_2 - C$	C_5	C_6	C_7	C_8	C_9	W^1_{C-B}
C_5	1	5	3	3	4	0.451 4
C_6	1/5	1	1/2	1/2	1/3	0.074 5
C_7	1/3	2	1	1	3	0.187 9
C_8	1/3	2	1	1	2	0.168 6
C_9	1/4	3	1/3	1/2	1	0.117 2

由表 4－6 可知，指标 C_5 至 C_9 相对 B_2 的权重为：

$$W^2_{C-B} = （0.451\ 7,\ 0.074\ 5,\ 0.187\ 9,\ 0.168\ 6,\ 0.117\ 2）^T$$

一致性检验结果：CR = 0.042 ≤ 0.01

所以，准则 B_2 中的各指标 C_n 相对于目标 A 的相对权重为：

$$W_2^{(2)} = W_{12}^{(1)}\ W^2_{C-B} = （0.12,\ 0.019\ 8,\ 0.049\ 9,\ 0.044\ 8,\ 0.031\ 1）^T$$

准则 B_3 相对指标 C 的判断矩阵及相对权重见表 4－7。

表 4－7　准则 B_3 相对指标 C 的判断矩阵及相对权重

$B_3 - C$	C_{10}	C_{11}	C_{12}	C_{13}	W^3_{C-B}
C_{10}	1	2	4	5	0.483 3
C_{11}	1/2	1	3	5	0.319 6
C_{12}	1/4	1/3	1	2	0.123 5
C_{13}	1/5	1/5	1/2	1	0.07

由表 4－7 可知，指标 C_{10} 至 C_{13} 相对 B_3 的权重为：

$$W^{(3)}_{C-B} = （0.483\ 3,\ 0.319\ 6,\ 0.123\ 5,\ 0.073\ 5）^T$$

一致性检验结果：CR = 0.031 ≤ 0.01

所以，准则 B_3 中的各指标 C_n 相对于目标 A 的相对权重为：

$$W_3^{(2)} = W_{13}^{(1)} \times W^3_{C-B} = （0.067\ 1,\ 0.044\ 4,\ 0.017\ 1,\ 0.010\ 2）^T$$

准则 B_4 相对指标 C 的判断矩阵及相对权重见表 4－8。

表4-8 准则 B_4 相对指标 C 的判断矩阵及相对权重

$B_4 - C$	C_{14}	C_{15}	C_{16}	C_{17}	W^4_{C-B}
C_{14}	1	3	4	4	0.502 8
C_{15}	1/3	1	3	5	0.293
C_{16}	1/4	1/3	1	2	0.123 6
C_{17}	1/4	1/5	1/2	1	0.080 7

由表4-8可知，指标 C_{14} 至 C_{17} 相对 B_4 的权重为：
$$W^4_{C-B}=（0.502\,8，0.293\,0，0.123\,6，0.080\,7）^T$$
一致性检验结果：CR＝0.046≤0.01
所以，准则 B_4 中的各指标 C_n 相对于目标 A 的相对权重为：
$$W_4^{(2)}=W_{14}^{(1)}W^4_{C-B}=（0.040\,2，0.023\,4，0.009\,9，0.006\,4）^T$$
准则 B_5 相对指标 C 的判断矩阵及相对权重见表4-9。

表4-9 准则 B_5 相对指标 C 的判断矩阵及相对权重

$B_5 - C$	C_{18}	C_{19}	C_{20}	C_{21}	C_{22}	W^5_{C-B}
C_{18}	1	3	5	6	7	0.488 0
C_{19}	1/3	1	3	5	6	0.265 9
C_{20}	1/5	1/3	1	3	4	0.135 5
C_{21}	1/6	1/5	1/3	1	2	0.066 5
C_{22}	1/7	1/6	1/4	1/2	1	0.443

由表4-9可知，指标 C_{18} 至 C_{21} 相对 B_5 的权重为：
$$W^5_{C-B}=（0.488，0.265\,9，0.135\,5，0.066\,5，0.443）^T$$
一致性检验结果：CR＝0.053≤0.01
所以，准则 B_5 中的各指标 C_n 相对于目标 A 的相对权重为：
$$W_5^{(2)}=W_{15}^{(1)}W^5_{C-B}=（0.026\,0，0.014\,2，0.007\,2，0.003\,5，0.002\,4）^T$$
准则 B_6 相对指标 C 的判断矩阵及相对权重见表4-10。

表4-10 准则 B_6 相对指标 C 的判断矩阵及相对权重

$B_6 - C$	C_{23}	C_{24}	C_{25}	C_{26}	C_{27}	W^6_{C-B}
C_{23}	1	2	2	3	4	0.349 6
C_{24}	1/2	1	1	3	5	0.232 1
C_{25}	1/2	1	1	5	6	0.275 2
C_{26}	1/3	1/3	1/5	1	2	0.087 9
C_{27}	1/4	1/5	1/6	1/2	1	0.549

由表 4-10 可知，指标 C_{23} 至 C_{27} 相对 B_6 的权重为：

$$\boldsymbol{W}^{(6)}{}_{C-B} = （0.349\ 6,\ 0.232\ 1,\ 0.275\ 2,\ 0.087\ 9,\ 0.054\ 9）^T$$

一致性检验结果：CR＝0.045≤0.01

所以，准则 B_6 中的各指标 C_n 相对于目标 A 的相对权重为：

$$\boldsymbol{W}_6^{(2)} = \boldsymbol{W}_{16}^{(1)}\boldsymbol{W}^6{}_{C-B} = （0.030\ 3,\ 0.020\ 1,\ 0.023\ 8,\ 0.007\ 6,\ 0.004\ 8）^T$$

由此可得 C_1 至 C_{27} 27 个二级指标的总权重。

2）计算综合权重

综上，可得综合权重为：

$$\boldsymbol{W} = （\boldsymbol{W}_1^{(2)},\ \boldsymbol{W}_2^{(2)},\ \cdots,\ \boldsymbol{W}_6^{(2)}）^T = （0.203\ 8,\ 0.031\ 8,\ 0.052\ 5,\ 0.087\ 7,\ 0.12,\ 0.019\ 8,$$

0.049 9, 0.044 8, 0.031 1, 0.067 1, 0.044 4, 0.017 1, 0.010 2, 0.040 2, 0.023 4, 0.009 9, 0.006 4, 0.026 0, 0.014 2, 0.007 2, 0.003 5, 0.002 4, 0.030 3, 0.020 1, 0.023 8, 0.007 6, 0.004 8）^{T}

综合权重 $\boldsymbol{W}$ 即是优劣解距离法优选的权重系数。

2. 运用优劣解距离法对供应商进行优选

1）数据规范化处理

参照建立的评价指标体系，由专家小组对供应商进行评价打分，原始数据见表 4-11。

表 4-11 供应商原始评价指标数据表

指　　标	S_1	S_2	S_3	指标类型
产品合格率 C_1/%	94.8	95.1	93.2	定量
产品返修率 C_2/%	4.87	2.66	3.89	定量
产品退货率 C_3/%	1.21	1.18	2.17	定量
产品体系认证 C_4/分	7	7	6	定性
单位产品成本（含运输成本）C_5/元	877	869	901	定量
模具价格 C_6/万元	12	11	11	定量
订货准确率 C_7/%	96.9	97.5	97.4	定量
交货及时率（配合零库存）C_8/%	98.7	99.5	99.2	定量
售前售后服务水平、满意度 C_9/%	85	87	77	定量
资金周转率 C_{10}/%	65.5	71.4	62.8	定量
贷款比重 C_{11}/%	30.5	31.2	47.3	定量
资产负债率 C_{12}/%	55.7	53.3	61.9	定量
净资产收益率 C_{13}/%	12.5	15.2	15.7	定量
工人和管理层（专科以上）C_{14}/%	67.9	69.3	55.9	定量
内部信息化水平 C_{15}	7	8	6	定性
员工离职率 C_{16}/%	21.2	15.1	25.7	定量
二级供应商管理水平 C_{17}	8	9	7	定性

指　　标	S_1	S_2	S_3	指标类型
设备状况 C_{18}	6	7	7	定性
研发能力 C_{19}	7	7	6	定性
发展战略 C_{20}	8	9	8	定性
信誉水平 C_{21}	6	7	5	定性
企业文化 C_{22}	7	7	6	定性
包装回收率 C_{23}/%	61	60	58	定量
单位产品能源消耗量 C_{24}/元	142	118	129	定量
单位产品产生废液（含渣）C_{25}/L	2.1	1.8	2.3	定量
清洁生产 C_{26}	7	8	7	定性
产品 ISO 14001 认证 C_{27}	8	8	7	定性

表 4-11 中质量认证、清洁生产以及设备状况等定性指标由专家小组根据公司材料和相关资质进行打分（10 分制）。在计算定量指标时，区分正指标和负指标，以及指标的量纲。例如，产品合格率、包装回收率等为正指标（效益型指标），数值越大越好；产品返修率、员工离职率等为负指标（成本型指标），数值越小越小。为了便于计算和比较，对评价体系中的指标采用如下方法。

当指标为正指标时，采用上限最优原则，公式为：

$$P_i = C + \frac{X_{\max} - X_i}{X_{\max} - X_{\min}} \times (A - C) \tag{4-12}$$

当指标为负指标时，采用下限最优原则，公式为：

$$P_i = C + \frac{X_i - X_{\min}}{X_{\max} - X_{\min}} \times (A - C) \tag{4-13}$$

其中，P_i 为评价指标；X_i 为第 i 个供应商对 P 指标的原始数据；$X_{\max}$ 为该项评价指标的最大值；A 为指标得分的上限值；C 为指标得分的下限值。

评价指标体系中正指标有 18 个，负指标有 9 个，为了便于计算，本案例选择将负指标按照下限最优原则进行修正，修正后的指标数据见表 4-12。

表 4-12　修正后的指标数据

指　　标	S_1	S_2	S_3
产品合格率 C_1/%	94.8	95.1	93.2
产品返修率 C_2/%	2	5	3.33
产品退货率 C_3/%	1.969 7	2	1
产品体系认证 C_4/分	7	7	6
单位产品成本（含运输成本）C_5/元	950	1 000	800

续表

指　标	S_1	S_2	S_3
模具价格 C_6/万元	10	12	12
订货准确率 C_7/%	96.9	97.5	97.4
交货及时率（配合零库存）C_8/%	98.7	99.5	99.2
售前售后服务水平、满意度 C_9/%	85	87	77
资金周转率 C_{10}/%	65.5	71.4	62.8
贷款比重 C_{11}/%	50	49.166 7	30
资产负债率 C_{12}/%	57.209 3	60	50
净资产收益率 C_{13}/%	12.5	15.2	15.7
工人和管理层（专科以上）C_{14}/%	67.9	69.3	55.9
内部信息化水平 C_{15}	7	8	6
员工离职率 C_{16}/%	19.245 3	16.612 9	10.278 3
二级供应商管理水平 C_{17}	8	9	7
设备状况 C_{18}	6	7	7
研发能力 C_{19}	7	7	6
发展战略 C_{20}	8	9	8
信誉水平 C_{21}	6	7	5
企业文化 C_{22}	7	7	6
包装回收率 C_{23}/%	61	60	58
单位产品能源消耗量 C_{24}/元	100	150	127.083 3
单位产品产生废液（含渣）C_{25}/L	1.8	3	1
清洁生产 C_{26}	7	8	7
产品 ISO 14001 认证 C_{27}	8	8	7

运用比重法，将表 4−12 数据规范化，结果见表 4−13。

表 4−13　规范化数据表

指　标	S_1	S_2	S_3
产品合格率 C_1/%	0.334 9	0.335 9	0.329 2
产品返修率 C_2/%	0.193 6	0.484 0	0.322 4
产品退货率 C_3/%	0.396 3	0.404 2	0.201 2
产品体系认证 C_4/分	0.350 0	0.350 0	0.300 0
单位产品成本（含运输成本）C_5/元	0.345 5	0.363 6	0.290 9
模具价格 C_6/万元	0.294 1	0.352 9	0.352 9

指　　标	S_1	S_2	S_3
订货准确率 C_7/%	0.332 1	0.334 1	0.333 8
交货及时率（配合零库存）C_8/%	0.331 9	0.334 6	0.333 6
售前售后服务水平、满意度 C_9/%	0.341 4	0.349 4	0.309 2
资金周转率 C_{10}/%	0.328 0	0.357 5	0.314 5
贷款比重 C_{11}/%	0.384 6	0.378 2	0.230 8
资产负债率 C_{12}/%	0.342 0	0.358 6	0.298 9
净资产收益率 C_{13}/%	0.288 0	0.350 2	0.361 8
工人和管理层（专科以上）C_{14}/%	0.351 6	0.358 9	0.289 5
内部信息化水平 C_{15}	0.333 3	0.381 0	0.285 7
员工离职率 C_{16}/%	0.417 1	0.360 1	0.222 8
二级供应商管理水平 C_{17}	0.333 3	0.375 0	0.291 7
设备状况 C_{18}	0.300 0	0.350 0	0.350 0
研发能力 C_{19}	0.350 0	0.350 0	0.300 0
发展战略 C_{20}	0.320 0	0.360 0	0.320 0
信誉水平 C_{21}	0.333 3	0.388 9	0.277 8
企业文化 C_{22}	0.350 0	0.350 0	0.300 0
包装回收率 C_{23}/%	0.340 8	0.335 2	0.324 0
单位产品能源消耗量 C_{24}/元	0.265 2	0.397 8	0.337 0
单位产品产生废液（含渣）C_{25}/L	0.310 3	0.517 2	0.172 4
清洁生产 C_{26}	0.318 2	0.363 6	0.318 2
产品 ISO 14001 认证 C_{27}	0.347 8	0.347 8	0.304 3

2）构造加权决策表（加权决策矩阵）

利用式（4-6）构造加权决策表，见表4-14。

表4-14　构造加权决策表

指　　标	S_1	S_2	S_3	S^+	S^-
产品合格率 C_1/%	0.068 2	0.068 5	0.067 1	0.068 5	0.067 1
产品返修率 C_2/%	0.006 2	0.015 4	0.010 3	0.015 4	0.006 2
产品退货率 C_3/%	0.020 8	0.021 1	0.010 6	0.021 1	0.010 6
产品体系认证 C_4/分	0.030 7	0.030 7	0.026 3	0.030 7	0.026 3
单位产品成本（含运输成本）C_5/元	0.041 5	0.043 6	0.034 9	0.043 6	0.034 9
模具价格 C_6/万元	0.005 8	0.007 0	0.007 0	0.007 0	0.005 8

续表

指　标	S_1	S_2	S_3	S^+	S^-
订货准确率 C_7/%	0.016 6	0.016 7	0.016 7	0.016 7	0.016 6
交货及时率（配合零库存）C_8/%	0.014 9	0.015 0	0.014 9	0.015 0	0.014 9
售前售后服务水平、满意度 C_9/%	0.010 6	0.010 9	0.009 6	0.010 9	0.009 6
资金周转率 C_{10}/%	0.022 0	0.024 0	0.021 1	0.024 0	0.021 1
贷款比重 C_{11}/%	0.017 1	0.016 8	0.010 2	0.017 1	0.010 2
资产负债率 C_{12}/%	0.005 9	0.006 1	0.005 1	0.006 1	0.005 1
净资产收益率 C_{13}/%	0.002 9	0.003 6	0.003 7	0.003 7	0.002 9
工人和管理层（专科以上）C_{14}/%	0.014 1	0.014 4	0.011 6	0.014 4	0.011 6
内部信息化水平 C_{15}	0.007 8	0.008 9	0.006 7	0.008 9	0.006 7
员工离职率 C_{16}/%	0.004 1	0.003 6	0.002 2	0.004 1	0.002 2
二级供应商管理水平 C_{17}	0.002 1	0.002 4	0.001 9	0.002 4	0.001 9
设备状况 C_{18}	0.007 8	0.009 1	0.009 1	0.009 1	0.007 8
研发能力 C_{19}	0.005 0	0.005 0	0.004 3	0.005 0	0.004 3
发展战略 C_{20}	0.002 3	0.002 6	0.002 3	0.002 6	0.002 3
信誉水平 C_{21}	0.001 2	0.001 4	0.001 0	0.001 4	0.001 0
企业文化 C_{22}	0.000 8	0.000 8	0.000 7	0.000 8	0.000 7
包装回收率 C_{23}/%	0.010 3	0.010 1	0.009 8	0.010 3	0.009 8
单位产品能源消耗量 C_{24}/元	0.005 3	0.008 0	0.006 8	0.008 0	0.005 3
单位产品产生废液（含渣）C_{25}/L	0.007 4	0.012 3	0.004 1	0.012 3	0.004 1
清洁生产 C_{26}	0.002 4	0.002 8	0.002 4	0.002 8	0.002 4
产品 ISO 14001 认证 C_{27}	0.001 7	0.001 7	0.001 4	0.001 7	0.001 4

3）确定正负理想解

正理想应满足：

$$S^+ = \{ (\max z_{ij} | j \in I_1),\ (\min z_{ij} | j \in I_2) \}$$

负理想解应满足：

$$S^- = \{ (\min z_{ij} | j \in I_1),\ (\max z_{ij} | j \in I_2) \}$$

其中，z_{ij} 为加权决策表中第 i 行，第 j 列指标取值，（$i = 1,2,3,\cdots,n; j = 1,2,3,\cdots,m$）；

I_1 为效益型指标，I_2 为成本型指标。本案例已对成本型指标做了下限最优处理，可按效益型指标原则比较。

所以，正理想解和负理想解如下：

$S^+ = （0.068 5, 0.015 4, 0.021 1, 0.030 7, 0.043 6, 0.007, 0.016 7, 0.015, 0.010 9,

0.024，0.017 1，0.006 1，0.003 7，0.014 4，0.008 9，0.004 1，0.002 4，0.009 1，0.005 0，
0.002 6，0.001 4，0.000 8，0.010 3，0.008，0.012 3，0.002 8，0.001 7）^{T}

S^- ＝（0.006 71，0.006 2，0.010 6，0.016 3，0.034 9，0.005 8，0.016 6，0.014 9，0.009 6，
0.021 1，0.010 2，0.005 1，0.002 9，0.011 6，0.006 7，0.002 2，0.001 9，0.007 8，0.004 3，
0.002 3，0.001，0.000 7，0.009 8，0.005 3，0.004 1，0.002 4，0.001 4）^{T}

4）计算相对贴近度

根据式（4-9）和（4-10），计算 3 个供应商各指标值和正负理想解的距离；根据式
（4-10），计算相对贴近度，结果见表4-15。

表 4-15　三个候选供应商评价结果

评价结果　　　　　　　　供应商	A	B	C
D^+	0.011 4	0.000 7	0.019 5
D^-	0.015 5	0.021 0	0.004 7
η	0.575 1	0.969 4	0.195 8

由 $\eta_B > \eta_A > \eta_C$ 可知，供应商 B 为最优供应商。

运用同样方法，在不考虑环境因素的情况下，即剔除指标 $C_{23} \sim C_{27}$，得到的最终优选
结果为供应商 A。很明显，供应商 A 与供应商 B 在环境保护方面的作用和贡献存在区别，
供应商 A 在资源利用、污染物处理等方面存在较大问题，不符合公司的可持续发展战略需
求。由此可见，在电泳压铸件领域，环境因素的引入对供应商评价和选择有至关重要的作
用，供应商绿色评价和选择从更高的起点重新界定了供应商选择的内涵，为相关企业的采
购决策指明了科学可持续发展的新方向。

4.3　案　例　结　论

本案例分析了传统的供应商评价体系和方法，结合现代压铸件生产工艺的特点，在参
考了相关环境法规以及相关技术标准的基础上，提出了基于层次分析法和优劣解距离法的
电泳压铸件供应商评价与选择模型。

本案例的创新点在于结合了当前压铸件的生产工艺和北京某汽车公司的实际采购情
况，设立了符合该公司的压铸件供应商评价和选择指标体系，具体体现在以下两方面。

（1）根据电泳压铸件的生产工艺特点，并结合国家相关法律法规政策和技术规范，针
对电泳压铸件供应商单独制订绿色评价指标体系，具有行业特色。对供应商分类评价，可
以设置更精确的、有针对性的评价指标，节省成本，遴选出专业、优秀的供应商。

（2）将层次分析法和优劣解距离法两种方法相结合，不仅避免了使用单一评价方法的
片面性，还综合了两种评价方法的优势，使评价结果不仅充分参考了专家评审小组的意见，

而且充分利用了优劣解距离法科学的计算方法，使评价结果能客观、公正的反映供应商真实情况。

4.4 案例思考

在我国，1989 年实施的《中华人民共和国环境保护法》和《中华人民共和国政府采购法》对绿色采购已有原则性规定。国外许多国家已经实施了政府绿色采购制度，在已有的政府绿色采购计划中，都要求产品与服务达到特定的环保标准，并规定政府必须采购符合国家绿色认证标准的产品和服务等。除了政府开始实施绿色采购外，企业也开始强化绿色供应商管理，绿色采购与供应要求在进行产品生产时保证所有原材料的质量、成本等都是最优的，并且供应商能够做到即时供应。也就是说，企业在做好日常的采购询价、下单、订单跟踪、与供应商的交易查询、在线技术服务等业务，提高效率，保证质量外，还要注重供应商的环境效益。例如，在电子产品方面，要控制所采购的原材料的配方是否合理，是否含禁用的化学物质或有毒物质，是否小型化、可拆解或回收等。这就要求不只选择材料，更主要的是选择绿色的供应商。表 4-16 为某电子产品企业的绿色供应商的评价体系。

表 4-16 某电子产品企业的绿色供应商评价指标

评价指标	评价指标说明
可持续发展指标	环境状况、环境治理行为、环境管理水平、环境损益情况
绿色环保指标	绿色设计、绿色材料、绿色物流
业务流程指标	柔性生产、无害化工艺、产品产销率
成本指标	人力资源成本、物流成本、科研投入与开发成本
信息建设指标	信息共享率、信息网络覆盖范围、信息质量

对供应商的选择不再仅仅局限在业务方面的指标、成本指标和信息建设指标，还应有可持续发展指标、绿色环保等指标来进行评价。总之，随着绿色潮流的不断高涨，作为供应链上端的供应商必须实施绿色采购，才能拉动绿色生产、绿色营销，引领广大消费者的绿色消费，进而推动绿色经济的发展。

根据以上案例，提出以下问题：

1. 企业对供应商的评价指标有哪些？
2. 简述本案例的供应商评价步骤。

第5章 绿色物流成本控制——小型机设备的更新与维护的环境成本比较

5.1 产品生命周期与环境成本

生命周期理论的概念应用很广泛，特别是在政治、经济、环境、技术、社会等诸多领域经常出现，其基本涵义可以通俗地理解为"从摇篮到坟墓"的整个过程。对于某个产品而言，就是从自然中来回到自然中去的全过程，既包括制造产品所需要的原材料的采集、加工等生产过程，也包括产品贮存、运输等流通过程，还包括产品的使用过程以及产品报废或处置等废弃回到自然的过程，这个过程构成了一个完整的产品的生命周期。

产品生命周期理论是由美国经济学家雷蒙德·弗农于1966年在其著作《产品生命周期中的国际投资与国际贸易》中提出的。它从产品生产的技术变化出发，分析了产品的生命周期以及对贸易格局的影响。他认为，制成品和生物一样具有生命周期，会先后经历创新期、成长期、成熟期、标准化期和衰亡期五个不同的阶段。著者将产品生命周期评价定义为：对某物从产生到消亡以及消亡后所产生的效应进行全过程的评价。

环境成本宏观上讲是指在某一项商品生产活动中，从资源开采、生产、运输、使用、回收到处理，解决环境污染和生态破坏所需的全部费用。对于微观企业来说，环境成本是以货币的形式对企业环境活动中的资源耗减和环境污染损失的衡量。鉴于日益凸显的环境问题，必须要建立全方位的环境管理系统，在物流企业中建立一套环境成本分析和核算体系是非常必要的。

5.2 小型机设备概述

服务器是指网络中能对其他机器提供某些服务的计算机系统。从狭义上讲，服务器是专指某些高性能计算机，能通过网络对外提供服务，相对于普通计算机来说，稳定性、安全性、性能等方面都要求更高，因此在CPU、芯片组、内存、磁盘系统、网络等硬件和普通计算机有所不同。服务器作为网络的节点，存储、处理网络上80%的数据、信息，因此也被称为网络的灵魂。

UNIX 服务器是服务器中的小型机的一种，它主要采用 UNIX 和其他专用操作系统的服务器。服务器的构成与计算机基本相似，有处理器、硬盘、内存、系统总线等，它们是针对具体的网络应用特别定制的。服务器虽然不像家用计算机的应用那样普及，但其总的使用量（尤其在城市的大型企业、政府部门、金融通信等机构中）还是比较高的。因此每年更新换代后的废旧服务器越来越多，且处理起来也要耗费大量的人力和财力，对环境的压力也日趋严重。

5.3　案例问题分析

随着经济和科技的发展，计算机产品与人们的日常生活密不可分。人们在享受信息技术和工具更新带来便捷的同时，淘汰和报废的计算机越来越成为社会的负担。目前，"绿色 IT""节能减排"等呼声很高。"绿色 IT"理念关注的是如何在制造过程中改善 IT 产品的结构效率和能耗，从而达到环境污染和能源消耗的最小化。但是，是否淘汰旧产品换上新产品，就一定能符合环保的条件，满足可持续发展的需要呢？

本案例针对小型机设备的更新和维护保养两个方面进行研究。研究对象主要以服务器中的小型机（UNIX 服务器）为主。本案例先以一台中档小型机为例，计算其在制造、使用、废弃各方面的环境成本，汇总后成为小型机的生命周期环境成本，对废弃的旧小型机与换上的新小型机的环境成本进行对比，从而选择一个新旧交换的最佳时间（年份）和最小化的环境成本。

5.4　案例中环境成本的计算过程

5.4.1　小型机生命周期环境成本的计算过程

产品生命周期是指一种产品在市场上从开始出现到最终消失的过程，一个产品的生命周期主要有以下几个阶段组成：原材料获取、材料制造与加工、产品生产、产品使用或消费、再生循环和废弃。产品环境成本主要包括：资源消耗成本、污染物排放控制成本、污染物处理成本、环境管理成本、环境损害成本等。本案例由于所考察的资料有限，因此在制造过程中主要使用资源消耗成本法来计算一台小型机制造过程的环境负荷，如生产时所使用的原材料的耗费成本和水电的耗费成本；使用过程中所耗费的电能；废弃填埋时对环境的影响。

小型机的大小差别很大。本案例以一台中档小型机（大约 120 kg）为例，具体组成成分见表 5-1 和表 5-2。

表5-1 一台中档小型机组成成分和各部分原材料价格

物质名称	质量分数/%	质量/kg	2007年价格/（元/kg）
硅石	普通硅1.88，单晶硅5	普通硅2.25，单晶硅6	普通硅80，单晶硅1670
塑料	22.99	30.05	
铁	20.47	26.78	3
铝	14.17	18.53	20.36
铜	6.93	9.17	63.4
铅	6.30	8.26	19.92
锌	4.20	5.04	29.2
锡	5.01	6	123.3
镍	4.85	5.81	336.4
钡	2.03	2.4	400
锰	2.03	2.44	17.74
银	4.22	5.04	3 445

表5-2 一台中档小型机中塑料物质的百分含量和价格

	PS	ABS	PP	PET	PU	PC	PMMA	TAC	PVC
含量/%	21.2	6.6	4	2.5	1.8	4	40.3	4.1	0.6
价格/（元/kg）	11	15	12.32	5	3	6.2	17.5	6	7.5

1. 制造过程的环境成本

根据表5-3和表5-4所显示的原材料消耗数，再根据2007年36个大中城市主要生产资料年平均价格表，计算各原材料所耗的成本，总计为32 951.472元。

下面计算制造一台小型机的耗水耗电成本。北京2007年工业用水价格为2.94元/t，工业用电价格均价为0.6元/（kg·h）。据估算，制造一台微型计算机（平均25 kg）需耗水约33 t、耗电2.315 kW·h。

$$33 \times 2.94 = 97.02（元）$$

$2.315 \times 0.6 = 1.389$（元），折算到小型机制造过程中为472.38元。

$$32\,951.472 + 472.38 = 33\,423.86（元）$$

2. 使用过程的环境成本

中档小型机标称功率为6 000 W，但是实际正常配置经实测功耗大概是3 000 W。因此，假设每天24小时都在使用，一年使用约360天，那么一台中档小型机一年所耗电量是：

$$3\,000 \times 24 \times 360 / 1\,000 = 25\,920（kW）$$

年耗电成本为：

$$25\,920 \times 0.6 = 15\,552（元）$$

3. 拆解排放过程

拆解时，由于回收了一些原材料，所以资源的耗费就忽略不计，只估算出所排放的有毒有害金属对环境的影响。以下计算的有毒有害金属的污染物当量及排污费，参照了《排污费征收标准及计算方法》（2007）。

排放时，如果是回收一些主要材料，其他碎料填埋的话，排出的有毒有害金属的污染成本如下。

铅为 8.25 kg，汞、砷、铬、镉为 0.871 2 kg，共 9.12 kg。

排污费为：1 000 × 0.009 12 = 9.12 元

如果是湿式破碎法处理或排入水中，污水排污费为：

$$某污染物的污染当量数 = \frac{该污染物的排放量}{该污染物的污染当量值}$$

铅的污染当量数 = 8.25/0.025 = 330

汞的污染当量数 = 0.48/0.000 5 = 960

砷的污染当量数 = 0.48/0.02 = 24

污水排污费收费额 = 0.7 元 = 前 3 项污染物的污染当量数之和

$$= 0.7 × （330 + 960 + 24）$$
$$= 917.86 元$$

因此拆解时算出了两个数据：一个是普通填埋时，对环境的影响；另一个是排出废水时，对环境的影响。对两者取平均值，为 463.488 元。

5.4.2　小型机维修再用和扔旧换新的环境成本比较

新旧小型机在环境成本方面的区别如下。一般地，最邻近的新旧两代小型机或电子计算机材料差别不大，只是在耗能方面，新的比旧的略强些。以性能功能比提升较大的 IBMP 570 计算，每年的新产品都比上年的产品节电 13.6.%。由于目前的一些大型企业在低碳的压力下，要求 5 年后才能扔旧换新，因此，本案例计算出一台小型机使用了 5 年后，或是扔掉，或是维修后再用的环境成本。

1. 5 年后维修再用的环境成本

如果 5 年后修理再用 N 年，N 为 6，7，8，9，10，那么环境成本为：

旧小型机制造过程的环境成本 + 旧小型机使用过程的环境成本 × N + 旧小型机废弃后环境成本

2. 5 年后扔旧换新的环境成本

假如新旧对比，每年省 13.6% 的电，那 5 年后省电 48.15%［（1 − 13.6%）× 5］。

如果 5 年后换成新的小型机再用 M 年，M = 1，2，3，4，5，那么环境成本为：

旧小型机制造过程的环境成本 + 旧小型机使用过程的环境成本 × 5 + 旧小型机废弃后环境成本 + 新小型机制造过程环境成本 + 新小型机使用过程环境成本 = M

将以上数据代入两个公式中，汇总得到表 5 − 3。

表 5-3　同等性能下小型机设备的更新与维修的环境成本对比

年份 \ 环境成本	5 年后维修再用的环境成本/元	5 年后扔旧换新的环境成本/元
第 6 年	127 199.348	152 559.496
第 7 年	142 751.348	160 047.784
第 8 年	158 303.348	167 536.072
第 9 年	173 855.348	175 024.36
第 10 年	189 407.348	182 512.648

表 5-3 中明显可以看出，使用几年后维修再用比扔旧换新，各年的成本在第 6、7 年分别节省 20 000 元左右；第 8 年，分别节省 10 000 左右，随着年份的增加，两组数据逐渐靠近，第 9 年两组数据差不多，因此可以认为，小型机维修再用，到第 8、9 年后扔旧换新比较合适。

5.5　案例结论及思考

综上所述，可以看出，计算机或小型机整个生命周期各阶段的环境负荷还是很大的。因此本着先利用，后回炉的原则，对旧计算机进行适当的升级或维修，延长其使用寿命，降低碳排放量，以减少不必要的新产品生产和淘汰旧产品对环境的污染；另外，应加强电子废弃物的全过程管理，包括源头减量、收集、运输、储存、处理处置等各环节。建立良好的计算机废弃物回收系统，防止废弃物转移、储存和粗法回收所带来的污染。

计算机类产品环境成本的计算和研究，在国内外都是一个崭新的课题。由于在实践中有些资料没有统计也不容易收集，本案例对环境成本只是估算。计算时所依靠的数据，如我国的原材料使用费、电费、排污费等相对较低，计算出的成本会偏低，部件制造过程的环境成本也简略了，实际制造过程和废弃过程的成本数据会更大些。相信不远的将来，环境成本的计算和应用可以在企业中普及，进而对控制产品整个周期的环境负荷起到重要的作用。

根据以上案例，提出以下问题：

（1）小型机设备的环境成本主要包含哪些？

（2）对于计算机类产品，维修再用和扔旧换新，你习惯倾向于哪一个？说明理由。

第6章　逆向物流管理

6.1　北京市生活废弃物回收链管理对策

6.1.1　城市生活废弃物及回收链

1. 城市生活废弃物

城市生活废弃物，又称为城市生活垃圾、城市生活固体废物，是指在城市居民日常生活中或为城市日常生活提供服务的活动中产生的固体废弃物，其主要成分包括厨余垃圾、废纸、废塑料、废织物、废金属、废玻璃、陶瓷碎片、砖瓦渣土、园林树枝（草）、废旧电池、废旧家用电器等。城市生活废弃物主要来自于城市居民家庭，城市商业、旅游业、服务业、市政维护管理等企事业单位，以及机关、学校、军队等。

2. 城市生活废弃物的回收链

城市生活废弃物回收链，是将生活废弃物中有再利用价值的部分进行加工、拣选、分解、净化，使用其中有用的物资或转化为能量而重新投入生产和循环系统。在这一过程中，废弃物的发生者、回收者、再加工者等主体之间，依照一定的流程，形成了前后衔接的链式结构，本案例称为城市生活废弃物回收链，如图6-1所示。

在城市生活废弃物回收链上，废弃物经过收集、分拣、整理、包装、储存、运输等环节，拣选出可回收利用的成分送往相应的再生、回收场所。回收链的运作目标是实现生活废弃物源头减量及再生回收的最大化。

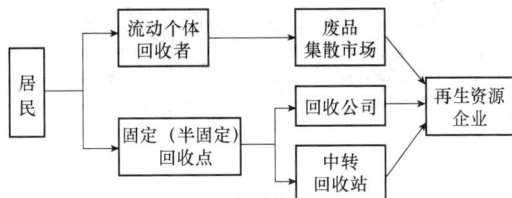

图6-1　城市生活废弃物回收链

6.1.2 案例城市现状分析

1. 北京市生活垃圾发生情况

1）发生量

实践证明，随着城市经济建设的发展和人口的增加，城市生活垃圾呈逐年增加趋势。北京市 1999—2004 年城市生活垃圾年清运量见表 6-1，北京市 1999—2004 年生活垃圾年清运量变化趋势如图 6-2 所示。

表 6-1　北京市 1999—2004 年生活垃圾清运量

年份	1999	2000	2001	2002	2003	2004
年清运量/万 t	290.4	296.5	309.1	321.1	361.4	425.1

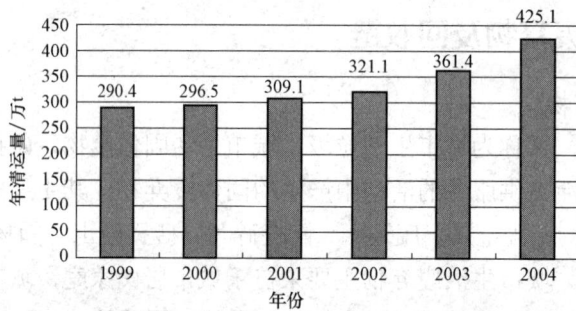

图 6-2　北京市 1999—2004 年生活垃圾年清运量变化趋势

从表 6-1、图 6-1 可以看出，北京市生活垃圾的清运量逐年上升。6 年间北京市生活垃圾的年清运量由 290.4 万 t 增长到了 425.1 万 t，增加了 134.7 万 t，平均每年增加 22.45 万 t，增长幅度为 6.5%。

生活垃圾的发生主体为城市居民、第二产业和第三产业，其中居民为最主要的发生主体，占总发生量的 70% 左右，如图 6-3 所示。

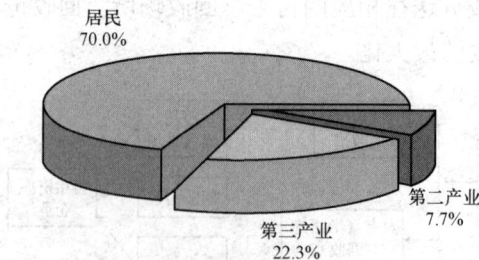

图 6-3　北京市生活垃圾发生主体的发生量比例

2）成分

城市生活垃圾是由多种物质混合而成的复杂体，包括灰土、砖瓦、食品等废弃物和纸类、玻璃、金属等可回收物等，其构成主要受气候条件、城市发展规模、市民生活习惯、不同燃料结构和市民生活水平等方面的影响。因此，各国、各城市，甚至同一城市中的不同地区产生的城市生活垃圾的组成都有所不同。

北京市生活垃圾在产量逐年增加的同时，成分也在迅速变化。主要表现为有机物含量增加，可污染物增多，可利用价值增大。难分解的塑料袋、毒性很大的废电池、灯具、清洁剂等新一代垃圾数量有了明显增长。

目前，北京市生活垃圾以厨余垃圾、纸、塑料为主，其中主要可回收成分为纸、塑料、玻璃、金属。本案例的主要研究对象为城市居民生活垃圾中可回收再利用的部分。

2. 北京市生活废弃物回收链现状

由于居民是北京市生活废弃物最大的发生主体，本案例主要分析居民生活废弃物的回收链现状。为此，特对北京市社区居民产生的废弃物来源、垃圾分类情况和流向、废旧物资回收现状、相关的管理机构进行了实地调研和访谈。

1）回收渠道

目前，北京市生活废弃物回收渠道主要有如下三种。

渠道之一：北京市部分城区内设有废品回收中转站，部分居民社区内有社区回收点。这些社区的居民直接将废品卖给社区回收点，再由社区回收点将收购的废品分类运至回收中转站，在此储存后批量运输到再生资源加工企业。这种渠道是北京市现阶段大力推行的回收方式，未来将成为北京市社区再生资源的主要回收渠道（如图6-4所示）。

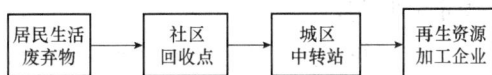

图6-4　回收渠道之一

渠道之二：未设置社区回收点的小区居民，一般将废品卖给流动收购人员。这些收购人员将收购的废品以及拾荒者捡拾的可回收垃圾，分类积攒卖到废旧物资集散市场的废品收购中间商，或卖给废旧物资回收公司。他们将收集到的废品，按纸、玻璃、金属和塑料进行粗分，运往位于北京市城乡接合部的七个大型集散市场，将其卖给在那里等候收购的再生资源加工企业的商贩，由他们进行再分拣，打包装运送往厂家回收再利用（如图6-5所示）。

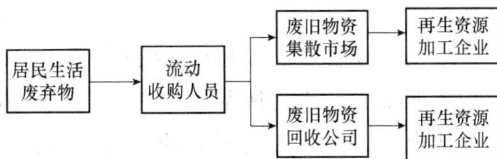

图6-5　回收渠道之二

渠道之三：废旧物资回收公司在各城区内设置有很多废品回收点，这些废品回收点以及流动的个体回收者收回的废旧物资，通过物资回收公司进入废品流通市场，回到生产系统（如图6-6所示）。

```
┌──────────┐   ┌──────────────┐   ┌──────────┐   ┌──────────┐
│ 居民生活  │→ │ 废旧物资回收公司 │→ │ 废旧物资  │→ │ 再生资源  │
│ 废弃物    │   │ 设置的回收点   │   │ 回收公司  │   │ 加工企业  │
└──────────┘   └──────────────┘   └──────────┘   └──────────┘
```

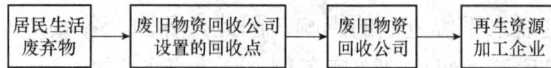

图 6-6 回收渠道之三

经过详细的实地调研以及与居委会工作人员的访谈，总结出北京市生活废弃物回收中的参与者如下。

（1）回收公司，在原国有废旧物资回收公司基础上演变而来，具有政府背景，采取公司化经营模式。

（2）固定（半固定）回收者，由废旧物资回收公司招募、统一编制、统一管理的回收者，主要由外来务工人员和部分下岗职工组成。

（3）流动个体回收者，主要由外来务工人员组成，他们没有固定经营场所，没有执照，流动经营。

（4）专业回收者，也属于个体经营者，但是有更专业的分工，如专门回收废旧家具。

（5）居委会，对固定回收点进行指导和管理。

（6）物业公司，对回收点进行管理。

（7）城区再生资源办公室，负责对再生资源市场的管理和业务指导。

2）生活废弃物回收行业的典型运作方式

生活废弃物回收行业的典型运作方式为三级运营。

（1）一级：流动（半固定）收购点。

这包括捡废品的拾荒者、推三轮车走街串巷的废品收购人员、垃圾清运工人等。垃圾清运工人兼顾垃圾清运和分拣变卖垃圾中可回收物的工作，而拾荒者和废品收购人员完全依靠回收废品为生。他们大多数是无证经营、无人管理的。他们没有固定的场所和必要的设施，干的是无本小生意。社会有需求，他们就有生存的空间。他们收购的生活废弃物种类繁多，包括废纸、废书、废塑料、废金属、废家电和废家具。他们以低廉的价格收购这些物品再将其卖到位于北京市郊区的大型废品收购站。这些流动（半固定）收购点的回收者是北京市生活废弃物回收的主要力量。

如前所述，在部分城区的居民社区内有专设的废品回收点，由废品回收点的工作人员上门或定点收购部分居民积攒的生活废弃物，然后再送至所在城区的中转回收站。

（2）二级：废品回收站。

目前北京市的废品回收站大多没有合法经营权（没有工商营业执照），甚至连废旧金属经营许可证都不办理就收购废旧金属，因此废品回收站的管理较为混乱。因为多数无经营许可证，这些废品回收站往往会出现一些违规经营的行为，最典型的就是无废旧金属经营许可证的回收站也从事废旧金属的回收买卖。更为严重的是，有些废品回收站中，堆积如山的各种废弃物露天码放着，既没有防火措施，也缺乏必要的环保措施，空气中弥漫着难闻的气味，存在较大的社会安全隐患。这些废品回收站的经营环境亟须提高，附加服务有待增加，回收者的生活状况有待改善。

（3）三级：废旧物资回收公司和废旧物资集散市场。

它们是废旧物资流通的主要力量。废旧物资回收公司一般都有废旧金属经营许可证，有一定的经济实力、相对稳定的经营范围、畅通的流通渠道和宽广的资源网络。废品回收站收回的废旧物资大部分通过它进入再生资源加工企业。可以说北京市的生活废弃物回收行业从捡拾、收购、运输、再加工到交易，已经以民间自发的形式形成了一个循环物流产业体系。

废旧物资集散市场是近年随着废旧物资流通需求不断增长而建立起来的废旧物资集散地，如朝阳区和议众兴有限责任回收公司、朝阳区东豫盛物资回收市场，以及被称为"废品一条街"的大屯，都是较大的废旧物资集散市场。

虽然这些废旧物资集散市场，在客观上起到了城市"清道夫"的作用。但由于废品回收市场缺乏统一的管理和规划，在一定程度上给人造成了"脏、乱、差"的印象，引发了外来人口聚集、私搭乱建、违法建筑泛滥，有很大的安全隐患。

如上所述，一级运营基本处于无人管理的状态，唯一约束手段是城管或街道治安人员。

对于废品回收站的管理，工商局对经营者负有监督和管理责任。从事再生资源回收的个人及收购站点，包括在各社区从事再生资源回收的站点，均应在工商行政管理部门注册登记，领取营业执照后开展经营业务。由于行业自律体系尚未建立，出现了不少无废旧金属经营许可证的废品回收站违规回收废旧金属。

物资回收公司以前都是事业单位，后来陆续转为企业。20 世纪 90 年代末，部分区一级的物资回收公司又转制为股份有限公司。这些公司中，国家占有一定比例股份的与供销社还存在隶属关系；有一些则完全与供销社脱钩，转为民营企业，进入市场运行机制的轨道。但作为经营管理的对象，它们还是要接受区政府的监督管理。

3. 北京市居民生活废弃物回收链存在的问题

（1）居民住宅区回收规模小，无论是半固定回收者还是流动个体回收者，其营业面积都较小，交易量也小。由于居民居住分散且对交易需求频繁，因此对回收点的服务、经营要求较高。但由于回收行业从业门槛低，不需要资本、技能、教育与培训和资格认证等，该行业急待正规化、规范化管理。

（2）行业秩序混乱，易引发社会安全问题。当前废旧物资回收行业处于北京市产业发展体系的最底层，从业者大多数是外来人口，以外地进京无技能人员为主，占全行业从业人员总数的 90% 以上。他们活动在公共场所和商业区，捡拾垃圾桶里和随地丢弃的可回收废弃物，俗称"拾荒帮"。从全行业整体看，这些人员缺乏有效的管理监督，处于无序发展状态。更严重的是，"拾荒帮"流动性大，人员素质良莠不齐，在废旧物资收购、运输、加工各环节存在大量弄虚作假、二次污染现象。拾荒群体进驻的许多地方成为大型垃圾场，水源被严重污染，给环境和卫生防疫工作带来很大压力。偷、抢污水井盖、光线电缆等现象也时有发生。

（3）非法市场滋生，消耗了大量城市土地资源。目前北京市存在大量废旧物资集散市场。全市范围内废旧物资集散市场迅速蔓延，虽经过区县的清理整顿，取得了一定效果，但还有不少废旧物资集散市场逆风而动，照常营业，严重消耗了城市土地资源。

（4）行业管理规范缺失，监管难度大，尺度难以把握。由于国家对于再生资源行业管理相对滞后，缺乏相应的法律法规和行业规范，对于全行业的规范管理迄今无法可依。同时，对再生资源回收行业取消特行管理后，只需要通过工商注册即可进行再生资源回收经营，使大量违法无序市场泛滥，给行业管理带来难度。另外，当前再生资源回收行业的管理部门众多，多头管理，职能交叉，难以形成合力。由于执法力量不足，使许多违法违规行为无法得到及时有效治理。

（5）国有再生资源回收体系萎缩，市场竞争力不足。北京市国有的再生资源回收体系在计划经济时代曾因严密的网络和规范的流程成为国内同行业的佼佼者，在国内外有一定影响。改革开放以来，传统的再生资源回收体系受到很大冲击。首先，是随着开放和搞活，原有计划经济时期形成的完整体系被逐步推翻了，随着老职工的离退休，从业人员逐渐减少。

随着北京城市建设的加快，许多原有国有定点社区收购网点和小型集散场地因拆迁而消失，而新的网点并没有建起来，使国有再生资源回收体系日益萎缩。同时由于正规企业在人员、设备等方面投入大，资金和市场压力大，和大量低成本甚至无成本的流动小商贩相比，在竞争上明显处于劣势。

6.1.3　案例对策建议

通过对北京市生活废弃物回收链的现状进行调查分析，针对其运行中的现实问题，本案例以北京市为背景，提出如下城市生活废弃物回收链管理对策建议。

1. 生活废弃物回收链的管理对策

1）完善分类回收配套设施

配套设施应实现垃圾装运容器化，结合各回收点的特点及市容环卫作业和管理的特点，在公共场合设立废纸、废玻璃、废塑料、废易拉罐、废电池等的专门回收容器，装运到不同的配套处理场所。由点到面铺开，由各城区的再生资源管理办公室统一协调管理。如果分类后的垃圾没有分类处理的场所，不得不进行混合处理，则分类回收无法实现可持续发展，就无法真正得到推广。

很多发达国家和地区免费发放城市生活垃圾处理设备，如美国纳什维尔市实施了一项废物再循环措施，向居民家庭分发 10 万辆带轮子的小推车，用于居民向市内各废物循环再利用回收中心运送可回收再利用的废物。

2）改善回收点的经营环境

结合社区生活废弃物分类收集工作，运用北京市朝阳区居民社区再生资源的回收模式，依托社区合理布局，建立方便居民的回收点，在垃圾收集的源头把各类可回收利用的生活废弃物分离出来。由清扫工、垃圾箱监管员、废品回收人员和其他相关人员组成一支队伍，纳入各城区的再生资源管理办公室的管理范围，实行社区环卫管理与生活废弃物回收相结合。

（1）规范回收行业的管理。

① 从政策上支持、鼓励，促成原物资回收公司下属网络的复兴，把原来属于物资回收公司的废品回收网点全部纳入各城区一级的再生资源管理办公室的管理范围。

② 整顿过去不规范的个体废品回收业，无论营业额的大小，个体废品回收网点在机构确立之后都必须进行登记、注册，回收点的劳动岗位可以是"正规就业"性质，也可以是"非正规就业"性质。所有废品回收点全部归属北京市各城区再生资源管理办公室的管理。

③ 各城区再生资源管理办公室可以将回收网点、回收人员的缺额通过再就业工程信息中心向社会发布，吸收一部分无业人员参与回收工作，同时以允许"非正规就业组织"形式从事回收工作。统一按各城区再生资源管理办公室发布的指导价挂牌服务，使分散的回收服务业散而不乱，树立全新的行业形象。

（2）加强分类回收管理监控。

对垃圾分类收集的行政监控职能主要由环卫部门承担，这包括：制定分类回收物流系统发展目标和规划；起草垃圾分类收集法规、政策，开展城市生活废弃物分类回收的监督等任务。

① 建立生活废弃物回收投诉中心，也使环卫部门能及时了解生活废弃物回收管理中的薄弱环节。

② 建立生活废弃物分类回收成效的指标体系，明确考核目标、考核方法，使各环卫管理部门明确分类回收工作重点，有利于城市生活废弃物分类回收工作水平的提高。

③ 建立生活废弃物分类回收监督员队伍，对强化生活废弃物分类回收和提高分类回收工作质量提出建议和研究。

（3）建立稳定的再生资源市场。

国内外的实践表明，企业化、市场化能够大幅度提高垃圾的收集和处理效率。因为企业化运作能降低成本、提高效率。由于垃圾回用行业的收益率低、回收期长，需要相应的、透明的、完善的税收制度和法律法规来促进垃圾回收利用的企业化和市场化。

再生资源市场是废物资源化市场的重要组成部分。这个市场由三部分组成：① 回收垃圾资源的收购市场；② 收购来的垃圾资源进入工商业部门的原料市场；③ 垃圾资源经过加工后，成为各种制成品的供销市场。这三类市场的关系如图 6-7 所示。

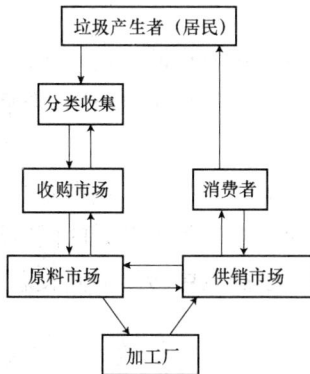

图 6-7　再生资源市场的供求关系

由图 6-6 可见，只有建立起良好的再生资源供需市场，生活废弃物的分类回收才具有意义，而这个市场过程的运行范围越大、越正常，再生资源的分流率越高；公众参与率越高，资源分流率和回收率也越大。

2. 北京市生活废弃物回收系统的规划

北京市生活废弃物回收系统规划，应包括回收物流系统网络、信息系统、制度建设、组织结构等，如图 6-8 所示。

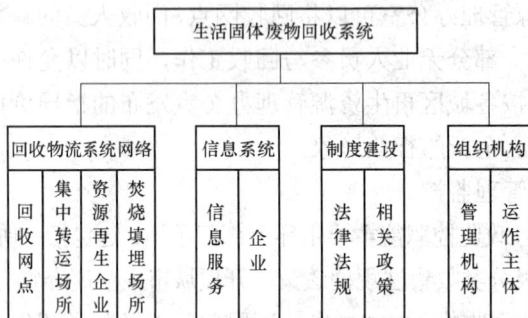

图 6-8 生活废弃物回收系统结构图

1）建立北京市生活废弃物分类回收四级网络

（1）回收网络。

该网络的网点就是设立于各居民小区的回收点，由所属社区（或街道）通过居委会直接设置，同小区内的保洁点在废弃物处置上有密不可分的关系，这类回收网络也可以是上门服务方式。回收网络的建设关键点为在合理优化资源的基础上，全市统筹规划，以便民和避免扰民为原则，建设规模适当的社区收购网点。从北京市社区资源产生量和回收量来看，1 000～1 500 户设一个社区收购网点是较为适宜的。

（2）回收中转站网络。

该网络的网点是设立于各城区的回收中转站，兼有分拣加工的作用。这类网络是由所属街道会同各区的再生资源管理办公室共同设置的，这类回收中转站应该对各城区内所有的单位机构进行源头回收和集散。各物业管理部门必须同指定的回收中转站建立回收关系。

回收中转站的建设直接针对废旧物资集散市场，相对于摊子大、环境乱的集散市场，回收中转站规模小、科技含量高、流通效率高，应该是今后城市再生资源中转分类的主体。

（3）集散中心网络。

该网络的网点是设立于各区内的集散中心，根据各区情况的不同，平均每个区设置一个集散中心。在同各社区回收点保持密切集散关系的同时还与废旧物资处理终端及大中型企业建立回收关系。集散中心相当于回收中转站的回收总站，直属于各区的再生资源管理办公室。

（4）综合利用工业网络。

这类网络是参与回收利用的再加工企业，这类网络系统有待于着力建设。如果废弃物资源的回收缺了终端，那么前三种网络终将半途而废，综合利用工业网络是保证资源永续的关键，其客观上产生的效益是不可估量的，也是整个回收体系的关键。

2）顺畅的回收渠道

回收渠道是回收系统的重要组成部分，建立规范、有序的回收渠道是提升废旧物资回收物流效率的前提条件。回收渠道的规范化，要从环境保护和资源有效回收的角度出发，在相关管理部门的监督下，使各参与主体按照自己职责的要求选择规范的回收处理途径。合理的回收渠道可规范城市居民对生活垃圾的处置，提高源头的回收量，降低收物流成本，实现回收处理过程的流畅顺通。发达国家和地区在渠道设计方面经过多年的实践，已积累丰富了经验，建立了不同类型的规范化的回收处理渠道。

借鉴国外生活垃圾处理处置以及资源化的先进经验，合理的回收渠道如图6-9所示。

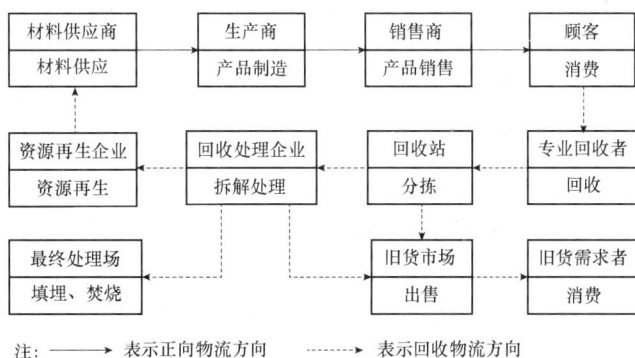

注：——— 表示正向物流方向 ……… 表示回收物流方向

图6-9 生活废弃物分类回收渠道

3）完善的回收机构

完善回收机构应具备的具体功能如下。

（1）分类收集

收集是指将分散在社会各角落的废弃物，通过一定的途径有效地集中。收集可以采用不同的形式，如上门分类收集、定点收集、定时收集等。

（2）物流功能

在回收过程中，除覆盖面积和速度因素外，回收网点和集中转运场所的布局、运输方式等物流问题对回收效率产生直接影响。回收企业与物流企业联合，利用物流企业的仓储和运输资源开展废弃物回收活动，是强化居民生活废弃物回收系统的重要手段。

（3）拣选分类

北京市城市主管部门在推动生活废弃物的发生源分类方面进行了大量工作，取得了很大成绩，但是由于居民等发生主体对于分类收集的认识存在差异等原因，仍存在分类不科学、分类不完全等问题。为此，本案例建议将回收机构作为生活废弃物分类工作的主体，通过规模化、规范化的运作，实行生活废弃物的科学分类，既可以提高分类回收效率，也可以通过规模化运作降低成本。

（4）再加工

对于可以深加工的材料，将其中有价值的原材料进行回收，再循环利用，提高原料的回收率，加工处理企业应使用专门的设备、技术和专业人员，防止低水平作业造成资源浪费。

（5）再销售

再销售属于后续环节，发生在分类、拣选和材料回收等环节完成后。再销售的后续性决定了回收后的废旧物资必须首先进行规范化处理，这可以有效地保证再次销售产品的质量和用户使用上的安全性。

4）规模化的回收企业

为提高生活废弃物的回收利用率，有必要建立专业化、规模化、现代化的生活废弃物回收企业。生活废弃物回收企业不同于政府行政主导的废弃物填埋场等，而是集收集、运输、拆解、分类、恢复、加工、贮存等多种功能为一体的现代化的回收企业。它可以建立以法律手段和经济利益推动，充分发挥政府宏观调节作用，克服废弃物分散回收的低效运作问题，既促进了回收行业的发展，也提高了二次资源的利用率；既顺畅了回收物资流动渠道，也建立了信息联系网络。

生活废弃物回收企业与单纯政府行为的废弃物处理厂的区别主要表现在：回收行为发生的时间、空间不同；进行简单的拆解、加工行为；分类、恢复不仅仅为了处理，主要目的是进行重复利用，重复进入物质资料循环系统。因此在一定的政策体系下，可以多种经营方式运行，并最终减轻政府的负担。

生活废弃物回收企业可以将各废弃物发生源产生的废弃物根据产量（重量、体积）进行收集、运输，简单的拆解、加工及分类后，作为原材料、零件、包装物出售。

生活废弃物回收企业的建立，可以采取以下几种形式。

（1）公益性社会机构负责回收的模式。

在生产流通过程中和消费后产生的价值较低的报废品，回收处理或者再生利用的成本较高，而其生产企业通常规模较小，不具备从事回收业务的实力，即使在政府管制的情况下，仍然不愿实施回收。在这种情况下，政府需要委托公益性社会机构（主要是公用事业机构）或者实力较强的国有企业等来承担，同时考虑到该行业的公益性质，政府会给予适当的优惠政策。

（2）与生产企业联合建立生活废弃物回收企业的模式。

诸如废旧家用电器、电子产品、家具、生产过程中报废的金属器具、塑料制品及橡胶制品等回收价值较高的废旧物品，有些在回收之后经过简单处理就可以进入二手市场，有些经过拆解之后可以作为零件重新使用，有些经过处理之后可以作为工业原料重新进入生产领域。另外，如果这些废旧物品不经过适当处理，很可能会对环境产生巨大的破坏，特别是一些塑料橡胶制品、危险化学品、含有重金属的废旧电子和电器产品等。要对这些废旧物品回收处理需要较大的投资，而这往往是单个企业不愿或者不能负担的，在这种情况下，同行业的多家企业，可以通过合资等方式，建立面向各合作企业甚至整个行业的专门从事回收的企业。这不仅可以减轻单个企业的资金压力，更具有专业优势，而且可以保证企业运作过程中的原料来源问题，容易实现规模经营。

（3）充分运用经济手段。

我国在资源开发、生产、流通、消费和废弃物处理的各个环节上，没有把极大地减少垃圾量作为垃圾治理的首要工作，而是把主要精力放在垃圾产生之后，即末端治理。在这方面，我国应当从减少垃圾产生量抓起，再配以积极有效的分类收集措施，促进各类有用垃圾成分的直接回收利用。因此，垃圾分类收集的相关法律法规的出发点应是尽可能减少废弃物。废弃物的减量化可以通过经济、行政、法律等手段来实现，其中最主要是通过经济手段，如垃圾排放收费制度、征收环境税等。费用由谁承担、承担哪一部分、承担多少等问题必须在回收处理体系中做出明确规定。合理的付费机制可调动消费者、回收者与处理者参与生活垃圾合理处置的积极性，有助于回收处理机构的市场化运作、回收总成本的降低和回收处理效率的提高。具体费用制度如下。

① 用户收费制。用户收费制要求垃圾产生者交纳一定的费用，以承担自己排放垃圾的社会责任。这种收费方式主要有两种，一种是固定费用，从房租中或用水费中增加一定的比例进行收取或按人口收取；另一种是按照产生垃圾的量（体积或重量）收取不同的费用，又称可变收费制。

② 填埋税。填埋税是对进入垃圾填埋场处理的垃圾再进行收费，其目的是鼓励将垃圾分类，提高资源的综合回收利用率，同时也解决土地短缺问题。

③ 循环利用信贷。这项政策是为对城市生活垃圾进行加工利用，生产有用的原材料或产品的企业或团体，提供优惠贷款或提供垫款，支持生活垃圾资源的循环利用。

④ 保证金返还制度。保证金返还制度最广泛采用的是押金返还制度，对易于回收的包装物采取包装押金制，而鼓励消费者参与物质的再利用。

⑤ 补助金或辅助金计划。大多数经合组织（OECD）成员国都采用某种补助金或辅助金计划来鼓励人们减少生活垃圾的产生。这既可以以直接经济支持的形式，如发放补助，给予低息贷款或补助经常性费用，也可以间接地无偿或以较低的价格提供土地。

⑥ 答谢制度。向那些在商店和超市只购物而不索要购物袋的顾客赠送小礼品。韩国实施此项措施后塑料袋、纸袋的使用量大大下降，不仅是塑料袋等白色垃圾产量大大减少，也给商家节约了大量资金。

3. 健全法律法规

针对固体废弃物大量产生而带来的问题，我国政府现已颁布实施了《中华人民共和国固体废弃物污染环境防治法》和《中华人民共和国清洁生产促进法》，以指导生产企业的制造和废弃物回收处理事业的开展。但随着社会的快速发展和新问题的不断出现，这些纲领性的法规越发显现出其局限性，主要表现在宏观控制有余，微观操作性不强，许多有待解决的问题无法可依。在此情况下，我国应借鉴国外的经验，在宏观法规政策的调控下，制定应用于具体问题的、可操作性强的支持性法规制度。

生活废弃物回收链的法律保障体系是指以法律的手段影响生活废弃物回收的市场行为和市场结构，使资源的分配产生倾斜，促进产业组织的变化。建立专业化、规模化的现代生活废弃物回收企业，必须建立起完善的法律体系，才能保障生活废弃物回收链能够在市场经济条件下的持续健康发展。

1）制定"资源综合利用法"

资源综合利用包括经济建设中所需自然资源的综合开发，工业生产过程中原材料、能源及"三废"的综合利用，生产、流通、消费过程中废旧物资的再生利用。

我国虽然对一些环境保护产业实行了鼓励发展和限制发展的相应政策，也加大了资金的投入和管理，但相对于资源再利用、污染治理的现状仍显得力不从心。制定专门的法律、利用经济杠杆的作用鼓励资源再利用产业的发展，以便建立相应规范的市场以及进行进一步实用的科学研究，防止政策超前，行动滞后的现象；鼓励社会资金的融入，探讨私人与政府合作形式的废弃物治理和利用途径，开辟环境保护资金的新途径，解决或缓解环境治理费用对国家财政的压力；鼓励在经营上发展多种形式，为废弃物回收真正进入市场并良性发展提供法律保障。

2）健全有关循环物流的法律法规

通过废弃物流的法律法规，规范废弃物的产生、收集、运输、贮存、处理和最终处置，确保废弃物及其物流得到妥善管理，不致造成环境污染。规范和强制废弃物回收利用，这是大部分发达国家行之有效的经验。它不仅约束了回收机构普遍短视和单纯追求效益的行为，也刺激了废弃物再利用行业的发展，从而出现废弃物流行业的需求和发展。

3）尽快制订垃圾资源回收成效的指标体系

分类收集相对混合收集的巨大优势就在于可回收资源和简化后续处理、处置能力，然而目前，国际上对"什么是可回收资源"和"如何度量资源回收的成效"尚缺少系统的衡量指标，不同的地方、不同的管理人员和公众对其有不同的理解。有许多垃圾资源，虽然居民已分类放置，工人也分类收集，但不一定都能成为产品的原料。例如，回收的废旧塑料制品，如果没有收购的市场和从事废塑料加工的工厂，以及加工后的产品的销售市场，那么这些回收废旧塑料制品只能仍送往填埋场或焚烧厂。因此垃圾分类收集必须和相应的购、销市场和相关产业联成一体进行规划，尽快制订分类收集带来的资源回收成效的衡量尺度。

6.1.4 案例结论与思考

以北京市为例，通过调研可以发现，不同城区的居民对于生活废弃物回收模式的认知存在一定程度的差异。政府主管部门应综合考虑不同区域的经济水平、居民意识和各城区的实际情况，制定针对性的生活废弃物回收政策，例如，大力发展循环经济、大力支持资源再利用行业。北京市生活废弃物的回收能否有大的推进，除了有关责任部门必须跨出一大步的努力之外，十分重要的是以政府的社会激励机制为原动力，加大社会、公众的教育力度、广度与深度，向传统观念挑战，运用价值规律作用机制和市场机制，结合生活废弃物回收的自身特征和北京的地域特点，有预见性地探索。在完善生活废弃物回收链的过程中，推进再就业工程，拓宽公益性服务，依托社区管理，吸收外来务工人员，鼓励私人经营，规范利益关系，这是简单而富有现实意义的。

根据以上案例，分析以下问题：

（1）简述城市生活废弃物的概念。

（2）北京市城市生活废弃物的特点和回收渠道的特点是什么？

（3）针对北京市的现状，在以上建议中，你认为哪些建议是最重要的，为什么？

6.2　废旧电池回收物流网络构建与比较分析

6.2.1　案例背景及问题

作为对自然环境的巨大威胁之一，废旧电池的回收处理工作在加强资源的回收利用和保持环境可持续发展方面具有重要意义。而与此同时，我国废旧电池的回收管理工作却相当滞后。另外，废旧电池作为对环境污染大，包含可回收资源较多的产品遗留品，其回收处理工作在回收物流业中也占有重要地位。所以，建立和完善废旧电池回收物流网络体系对于更好地保护生态环境，构建和谐社会有着重要的意义。

电池种类繁多，按用途可分为工业电池和民用电池两大类。工业电池主要用于公路运输、铁路运输、航空运输和电站等领域，如汽车铅酸蓄电池和变电站电池等。民用电池按能否充电可分为一次电池和二次电池（充电电池）。常用电池中主要污染物则有 Zn、KOH、Hg、Mn、Cd、Cu、Pb、H_2SO_4 和有机电解质等。由于缺乏经济有效的回收利用技术以及回收体制不健全，目前我国废旧电池主要是与生活垃圾一起采用填埋、焚烧、堆肥等方法进行处理。废旧电池随生活垃圾共同处理会给环境带来极大的潜在危害。

在废旧锌锰电池的回收方面，韩国和日本的研究处于比较领先的地位。例如，韩国资源回收技术公司开发的采用等离子体技术处理废旧锌锰电池回收铁锰合金和金属锌，其年处理废旧锌锰电池量达 6 000 t。日本 ASK 理研公司开发的采用分选、预处理、焙烧、破碎、分级并再进行湿法处理生产金属化合物产品的技术，其年处理废旧锌锰电池量也达几千吨。

我国是电池生产大国，电池产量占世界的 1/3 以上，同时也是电池的消费大国。随着能源供应缺口加大，电池的生产种类和应用范围将更加广泛，大多数的生活电器都离不开它。与生产和使用庞大的数量相比，废旧电池的回收相当艰难，回收率约为 2%，其回收数量仅供实验室研究使用。随着使用数量的增加及使用范围的扩大，使原本脆弱的回收系统及回收方式面临更多的尴尬。随之而来的是电池污染将更加令人担忧。2003 年 10 月，由国家环境保护总局等出台了《废电池污染防治技术政策》，其适用于废电池的分类、收集、运输等全过程污染防治的技术选择，指导相应设施的规划、选址、管理等，引导相关环保产业的发展。但目前尚没有一个比较健全的社区—城区—环卫处理的回收网络。

而在废电池的管理上，我国目前基本处于空白，对废电池的回收、处理，国家没有规定具体的政策和法规。每年报废的电池绝大部分没有回收处理，而是随意丢弃，对生态环境和人类健康构成了严重的威胁。国内有关环保单位、环保志愿者和一些厂家、商家对废旧电池回收的尝试几乎遍布全国，但都因回收后无法处置而不了了之。电池垃圾比较特殊，就单个废旧电池来讲，其价值几乎等于零，只有收集达到一定规模后，进行处理才有意义。所以根据国情、民情的接受程度设计出一套科学合理的回收系统，使废旧电池回收工作纳入一个有序、有效、规范、持久的运行模式中，这样才能从根本上解决问题。

在这种背景下，本案例应用现代逆向物流的理念和技术，并结合城市区域废旧电池回收情况的实地调研，设计出某一城市区域内废旧电池回收系统，建立合理可行的废旧电池回收网络，有效地将"顾客"所持有的废旧电池回收到供应链上各节点企业，并且在节点企业间实现网络优化，取得相对成本最小化，并保证网络的稳定性和可持续性，从而改善废旧电池回收情况不佳的现状，达到保护生态环境的目标。

6.2.2 案例回收物流网络的模型

1. 废旧电池回收系统内部运行条件估测

由于废旧电池回收物流网络是属于以电池为产品的逆向物流网络，所以其流程包括将废旧电池从消费者手中收回，运送到回收中心进行技术性处理，将所得有价值的终端产品运送回供应商或制造商处，其运行环境受内部条件制约较多，主要条件如下。

1）电池输入量的合理预测

对于废旧电池的回收工作来说，如何实现其生产再利用的终端产品与回收的废旧电池的量的平衡，主要是依赖于回收者对于废旧电池输入量的预测是否准确。但是这个量的偶然性较大，所以数目很难准确估计，这就给处理工作带来了很大的不确定性，其成因主要是废旧电池回收的数量和时间及可再利用比例难以确定，这就制约了系统的构建方向。

2）正向物流网络的合理利用

在废旧电池的回收逆向物流网络建立时，为了适当的减少成本，提高效率，对于流量较小的网络可以利用已有的正向物流的基础设施，使逆向物流沿着正向物流网络反向流动，当然，这在逆向物流中不能成为主体，对于多数电池回收物流网络中的部分而言，还是需要建立专门的回收物流设施，如回收中心，仓储设施等，这样才能够更好地提高废旧电池的回收效率和效益。

3）成本估计的准确性

废旧电池回收物流网络属于逆向物流与正向物流网络最直接的不同之处就是物流的管理成本估计。在正向物流网络中，决定成本的因素比较确定，可计算性和可控制性强，而对于回收物流来说，其成本内容要远远多于正向物流，所以其核算过程也要复杂得多，可控性也较弱。例如，在分拣方面，回收物流成本就要远远高于正向物流成本，在正向物流网络中由于其产品的标准化的分拣过程物流成本较低，而回收物流面对的如废旧电池等回收产品，其统一性较差，每一个流程都需要大量的分拣工作才能使回收产品流向下一个网点，这样，人力成本就会大大上升，另外，由于人们对于回收产品的不重视而产生的运输过程中的损坏，使其成本核算更加复杂。

2. 废电池回收系统模型设计

目前根据国内外回收业的实践，有三种具有代表性的废旧物品回收物流网络，分别是原路径回收网络、新路经处理网络、重复路经处理网络。

1）原路径回收网络

原路径回收网络模型如图 6-10 所示。

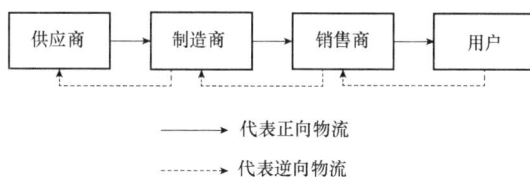

图 6-10 原路径回收网络模型

原路径回收网络是完全利用原有的正向物流系统实现逆向物流功能，它们的设施、运输线路等完全一样，相应过程是顾客—零售商—制造商—供应商，这种回收网络形式主要针对可重复利用的，不必进行拆解的产品。一般情况下，下游企业直接将回收产品交给上一级供应商，其产品经过翻新再加工即可重新投入市场，这样可实现二次获利。然而，对于废旧电池的回收来说，其可直接再次利用的可能性基本为零，必须加以拆分，并利用先进技术进行分解提取金属才能达到再利用的目的，所以原路径回收网络模式并不适合废旧电池的回收。

2）新路径处理网络

新路径处理网络模型如图 6-11 所示。

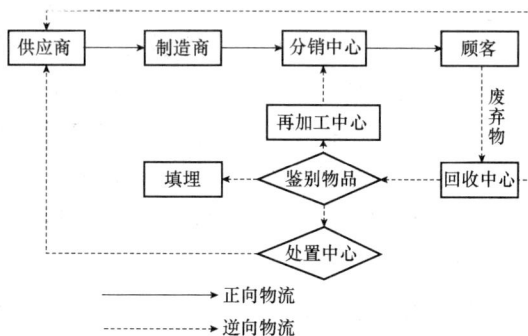

图 6-11 新路径处理网络模型

在新路径处理网络模型中，物流流量较大，需要配备和使用专业化的设施、人员和技术才能够适合企业发展的需要，另外，该路径所处理材料大多为低值产品，如纸张，塑料，钢铁等,对这些产品的处理需要先进的技术与设备,这点与对废旧电池的处理有相似之处,投资都将会处于一个相对较高的水平,所以,只有形成规模才使得这种模型下的回收有意义和价值。新路径处理网络的起始端为顾客,通过各种渠道废弃物被运到回收中心,并进行鉴定,判断其是否能进行修理,能则进行再加工中心,然后返回分销中心。如果不能,则判断能否回收一定量的原材料,能则进入处置中心经处理送往供应商处;否则直接进行填埋等处理。

3)重复路径处理网络

重复路径处理网络模型如图6-12所示。

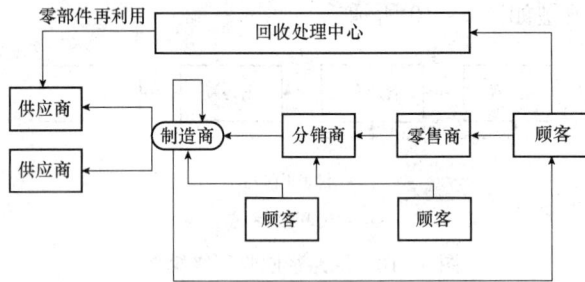

图6-12 重复路径处理网络模型

重复路径处理网络与原路径处理网络的基本结构是一致的。其区别是原路径回收网络只回收不处理,而重复路径处理网络既回收又处理,其处理后的产品可直接送至制造商处进行利用。另外,这两种回收模型在回收路径上也存在区别,原路径回收网络只沿原路径走,用户就是其终端用户;重复路径网络则新开辟出多种回收路径,其终端不一定非得是原顾客,也可能是直接与供应商、制造商、分销商联系的终端。重复路径回收网络的主要应用对象是产品价值高的复印机,汽车,计算机,电器等产品,其零件经基本处理后可直接返回经销商处加以重复利用,减少污染,由于此类商品技术含量较高,所以其回收费用相应也会较高。

4)针对废旧电池的新型回收物流网络模型

对于废旧电池这种特殊的产品来说,直接简单地套用某一种处理网络是不合适的。首先,它并不像电器、汽车、计算机等高价值的产品一样,可以简单地对其零件进行重复利用,其主要利用方式是对其进行分解,将可分离出的重金属等成分作为收益返回供应商,这样看来重复路径处理网络中的部分路径就没有必要设置,同理,新路径处理网络中的再加工程序也没有必要了。因此,我们将几种路径整合,设计出适合废旧电池的新型回收物流网络模型,如图6-13所示。

在图6-13的网络模型中,电池在使用后应有几种回收途径,顾客可以自己将其送至回收部门,还可以将其送至分销商或电池生产厂商处。分销商和电池生产厂商将积攒的电池统一送往回收部门,经过判定进行处理或直接填埋,处理过后的部分废渣等成分也需要加以填埋等处理,不可能达到全部成分都回收的效果。因此,处理中心必须掌握先进的处理技术,尽量提高回收率。

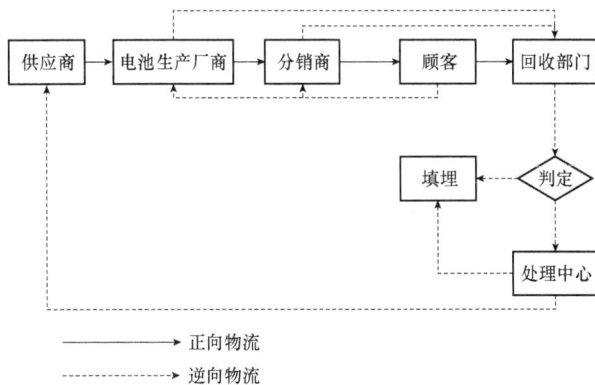

图 6-13　针对废旧电池的新型回收物流网络模型

6.2.3　案例回收物流网络的成本分析

对于废旧电池回收的网络，进行如下成本分析。

1. 模型假设

① 模型只针对废旧电池的新型回收物流网络部分进行构建，如图 6-13 所示。

② 再生后原材料的运输等不计入成本，因为其属于正向物流

③ 模型中对于回收废旧电池的处置分为丢弃，提取原材料，提取原材料后丢弃废渣三种，经提取的原材料送至供应商处，而提取原材料后丢弃的废渣不再计算其丢弃的运输成本。

④ 模型以电池生产厂商为主体，将物流过程看成是企业内部物料流动，所以只记成本不记收益。

⑤ 此模型将会考虑回收物流网络中的仓储、运输、加工、固定投资等成本。

2. 模型参数

B：整体填埋场所

C：整体用户领域

D：整体分销商领域

H：整体再加工处理场所

I：产品系列

P：电池生产厂商系列

R：整体回收中心领域

S：供应商整体

O：所有逆向物流网络成员的集合（$O = C \cup V \cup D \cup P \cup R \cup T \cup S$）

V：整体零售商领域

b：具体填埋场所（$b \in B$）

c：具体顾客领域（$c \in C$）

d：具体分销中心（$d \in D$）

h：具体再加工场所（$h \in H$）

i：具体产品（$i \in I$）

p：具体电池生产厂商（$p \in P$）

r：具体回收中心（$r \in R$）

s：具体供应商（$s \in S$）

v：具体零售商（$v \in V$）

3. 物流参数

$D_{kW,\min}$：总回收产品由回收物流节点 k 到节点 w 的最小量（$k \in O$，$w \in O$）

$D_{kW,\max}$：总回收产品由回收物流节点 k 到节点 w 的最大量（$k \in O$，$w \in O$）

P_{ik}：产品 i 在回收物流节点 k 所需的固定成本（$k \in O$）

p_{ik}：产品 i 在回收物流节点 k 所需的加工处理成本（$k \in O$）

s_{ik}：产品 i 在回收物流节点 k 所需的仓储成本（$k \in O$）

t_{ikw}：产品 i 由回收物流节点 k 运到节点 w 的可变单位运输成本（$k \in O$，$w \in O$）

4. 可变参数

C_{kw}：产品 i 由回收物流节点 k 到节点 w 的回收物流总成本（$k \in O$，$w \in O$）

x_{ikw}：产品 i 由回收物流节点 k 运到节点 w 的物流量（$k \in O$，$w \in O$）

y_s：二元可变参数，$y_s = 1$ 代表回收物流节点 k 要行动，$y_s = 0$ 代表回收物流节点 k 不行动（$k \in O$）

5. 公式表达

1）目标函数

$$\min Z = C_{cr} + C_{rb} + C_{rs} + C_{dr} + C_{pr} + C_{cd} + C_{cr}$$

其中：用户到回收中心的成本为

$$C_{cr} = \sum_{r \in R} \sum_{c \in C} \sum_{i \in I} (t_{icr} + s_{icr} + p_{ir} y_r + p_{ic}) x_{icr}$$

回收中心到填埋场的成本为

$$C_{cr} = \sum_{b \in B} \sum_{r \in R} \sum_{i \in I} (t_{irb} + s_{icr} + p_{ib} y_b + p_{ib}) x_{irb}$$

回收中心到供应商的成本为

$$C_{rs} = \sum_{s \in S} \sum_{r \in R} \sum_{i \in I} (t_{irs} + s_{irs} + p_{is} y_s + p_{is}) x_{irs}$$

分销商到回收中心成本为

$$C_{dr} = \sum_{r \in R} \sum_{d \in D} \sum_{i \in I} (t_{idr} + s_{idr} + p_{ir} y_r + p_{id}) x_{idr}$$

电池生产厂商到回收中心成本为

$$C_{pr} = \sum_{r \in R} \sum_{p \in P} \sum_{i \in I} (t_{ipr} + s_{ipr} + p_{ir} y_r + p_{id}) x_{ipr}$$

用户到分销商成本为

$$C_{cd} = \sum_{c \in C} \sum_{d \in D} \sum_{i \in I} (t_{icd} + s_{icd} + p_{ir} y_d + p_{ic}) x_{icd}$$

用户到电池生产厂商成本为

$$C_{cp} = \sum_{c \in C} \sum_{p \in P} \sum_{i \in I} (t_{icp} + s_{icp} + p_{ic} y_d + p_{ic}) x_{icp}$$

2）约束条件

$$D_{ic,\min} \leqslant \sum_{i \in I} x_{icv} \leqslant D_{ic,\max}; \quad i \in I, c \in C, v \in V$$

$$D_{iv,\min} \leqslant \sum_{i \in I} x_{ivd} \leqslant D_{iv,\max}; \quad i \in I, c \in C, v \in V, d \in D$$

$$D_{id,\min} \leqslant \sum_{i \in I} x_{idp} \leqslant D_{id,\max}; \quad i \in I, d \in D, p \in P$$

$$D_{ip,\min} \leqslant \sum_{i \in I} x_{ips} \leqslant D_{ip,\max}; \quad i \in I, p \in P, s \in S$$

$$D_{is,\min} \leqslant \sum_{i \in I} x_{is} \leqslant D_{is,\max}; \quad i \in I, s \in S$$

$$x_{ikw} \geqslant 0, \quad i \in I, k \in O, w \in O$$

$$x_{icr} \geqslant x_{irb} + x_{irs}; \quad i \in I, b \in B, c \in C, r \in R, s \in O$$

$$x_{irh} \geqslant x_{ihd}, \quad i \in I, d \in D, h \in H, r \in O$$

$$y_h, y_s \in \{0,1\}, \quad h \in H, s \in S$$

约束条件前六式说明逆向物流量受市场环境的最大量和最小量的限制，后两式说明回收物流量在运作中有损耗存在。

6. 具体成本分析及比较

根据北京市几个比较大的废旧电池回收公司所提供的资料，经过调研，我们收集了对于废旧电池各部分的回收成本如下。

运输费用：3 元/（t·km）（含实车运费、空驶费、基建运输段加成）

仓储费用：300 元/t（指回收中心的仓储成本，包括从顾客到回收中心，从供应商及电池生产厂商到回收中心中的总的仓储成本）

人工分类：800 元/t（包含在回收中心的可变处理成本中，以工资及所用资源为基准）处理及再包装：1 000 元/t（包含在可变处理成本中）

回收固定成本：900 元/t

运输距离：海淀区内大约 150 km（总量）

将以上数据分别带入废旧电池新型回收物流网络模型中，其中物流量 x_{ikw} 取 1 t，

$$\min Z = C_{cr} + C_{rb} + C_{rs} + C_{dr} + C_{pr} + C_{cd} + C_{cr}$$
$$= (t_{i总} + s_{i总} + 3 p_{ir} y_r + p_{is} y_s + P_{总}) \times x_{i总}$$
$$= (3 \times 150 + 300 + 3 \times 800 \times 1 + 1000 \times 1 + 900) \times 1$$
$$= 5\,050 （元 / t）$$

考虑到回收物流量受市场环境的影响以及在具体运作过程中实际量由于损耗会小于理论值，所以该模型成本将进一步减少。同时将此数据代入以原路径网络模型、重复路径网络模型、新路径网络模型为原型的模型中进行成本估计，得出其成本分别为 5 700 元/t；6 500 元/t、8 670 元/t 的结果，这一方面是由于三种基本的模型中所具有的对于废旧电池回收来说多余的路径耗费较高的成本所致，另一方面是因为其物流设施的设置并不适合废旧电池回收所导致的。因此，这三者的成本将会远远大于针对废旧电池所设计的回收物流网络模型。同时，废旧电池回收所得重金属也可以取得一定收益。这对于此网络模型也是一种回报。因此，废旧电池新型回收物流网络模型在成本方面取得了领先，在废旧电池回收的工作中具有实际意义。

6.2.4　案例结论

本案例在我国现有的三种废旧物品回收模型的基础之上，结合我国具体国情以及经济适用性，提出了以回收物流为理念的废旧电池新型回收物流网络模型。在此提出的成本模型中，除了总成本最低要求之外，还可以按照成本模型中各项费用所占权重的大小，找出能够影响成本的最显著的因素，结合具体操作情况，以达到尽量成本最低的效果。

我国是一个电池的生产和消费大国，更需要社会在各个方面给予更大的支持才能保证废旧电池回收工作纳入有效、规范的程序当中。因此整个系统运行还需要良好的外部条件的配合。总之，废旧电池回收系统模型的建立及回收网络的形成和实施，仍然会面临很多困难，但依靠各方面的支持和帮助，包括生产企业、消费者、科研单位、政府等，相信不远的将来是可以初步建立起良好合理的回收物流体系的，以支持新兴的再生产业，真正做到可持续发展。

6.2.5　课后思考

小型电池使用较多的有镍镉电池、镍氢电池和锂离子电池，镍镉电池中的镉是环保部门严格控制的重金属元素之一，锂离子电池中的有机电解质，镍镉电池、镍氢电池中的碱和铜等重金属，都构成对环境的污染。小型电池在我国每年使用总量有几亿只，因为大多数体积较小，加上使用分散，绝大部分作生活垃圾处理。废旧电池对环境的污染问题正逐渐为世人所重视，废电池的回收、处理利用是一项系统工程，人们一直在寻求技术上可行、经济上可取的科学处理方法。废旧电池的无害化处理和综合利用对保护环境、节约资源意义是非常重大的。国家必须建立一个科学合理的废旧电池回收物流系统，在城市里构建废旧电池回收物流网络，这样才能从根本上解决源头分散、乱弃的问题，使废旧电池处理在经济上和技术上都趋于合理。

根据以上案例，提出以下问题：

1. 简述一下本案例中的废旧电池回收物流网络模型。

2. 你认为我国废旧电池的回收难点在哪里？

第7章 废弃物物流——铁路站车生活垃圾的特性分析及 C-RDF 的应用

7.1 复合垃圾衍生材料

复合垃圾衍生燃料（compound-refuse derived fuel，C-RDF）是指由至少两类可燃的废弃物，或者一种可燃废弃物与粉煤或泥压制成型块的固体燃料。这种燃料具有热值高、燃烧稳定、易于储存和运输，二次污染低和二噁英类物质排放量低等特点，广泛应用于干燥工程、水泥制造、供热工程和发电工程等领域。复合垃圾衍生燃料的来源包括：城市生物质废弃物，主要包括家庭厨余垃圾、餐厨垃圾、城市粪便以及城镇污泥；农作物废物。

7.2 案 例 背 景

铁路站车生活垃圾是指在铁路部门运营过程中，站、车、场产生的生活固体废弃物。近年来，随着我国铁路事业的迅速发展，客运量一直以 5%～10% 的速度增长，铁路站车生活垃圾产生量连年增长，成为铁路重要的污染源，不但造成大量有用资源的浪费流失，还严重影响铁路建设的可持续发展，是近年来令人瞩目的铁路建设问题之一。

我国铁路线较长，有大量车站分布在中小城市或城镇，在那些人员稀少，垃圾处理设施较差的边远地区，受技术和经济因素限制，铁路站车生活垃圾一般只会被露天堆放或简易填埋，这种处置方法没有考虑防渗以及渗滤液处理等环保措施，常会引起严重的二次污染，使当地的环境蒙受巨大压力，这些都不利于铁路建设与环境和谐发展。

复合垃圾衍生燃料的诞生，为垃圾能利用带来了生机，正成为该领域新的生长点。将铁路站车生活垃圾制成复合垃圾衍生燃料进行燃烧，能很好地达到垃圾减容、减量的目的，并可将其产生的能量用于发电、取暖等。尤其在人烟稀少的边远地区，这种处理方式既可以解决铁路站车生活垃圾处理难的问题，又可以改变垃圾随意丢放、环境污染严重的现状，是改善铁路沿线和站场周围环境质量的有效措施。

7.3 案例问题分析

为了掌握铁路垃圾的产生、组成、性质和变化特征及其影响因素，为铁路站车生活垃圾制备 C-RDF 提供预处理、成型及污染控制方面的依据，同时也为城市生活垃圾制备 C-RDF 提供重要的参照，本案例将广州站、上海站、西昌站及成都北站（春秋两季）作为调查对象，分别对旅客列车、候车室和广场产生的垃圾进行了调查，对铁路站车生活垃圾理化特性进行了分析。

7.3.1 物理组分分析

本案例分别对上述不同地区、不同季节、不同等级典型火车站进行采样，分析结果见表 7-1、表 7-2。

表 7-1 不同地区铁路站车生活垃圾物理组分

铁路车站	物理组分	有机物					无机物	
		纸/%	塑料/%	食物残渣/%	织物/%	竹木/%	玻璃/%	金属/%
广州站	列车	23	22	45	4.2	1.8	1.6	2.4
	广场、候车室	32	19.6	42	—	1.6	0.7	4.1
上海站	列车	28	19	49	0.8	2	1.2	—
	广场、候车室	30	14	52	3.2	0.8	—	—
成都北站	列车	22	17	53	2	0.8	3	2.2
	广场、候车室	26	22	48	1.6	2.4	—	—
西昌站	列车	28	20	38	—	3.6	9.4	1
	广场、候车室	23.21	30.36	42.86	—	3.57	—	—

注：取样时不包括餐车的灰渣

表 7-2 不同季节成都北站铁路站车垃圾物理组分

成都北站	物理组分	有机物					无机物	
		纸/%	塑料/%	食物残渣/%	织物/%	竹木/%	玻璃/%	金属/%
春季	列车	22	17	53	2	0.8	3	2.2
	广场、候车室	26	22	48	1.6	2.4	—	—
秋季	列车	24.23	17.08	50.8	—	2.04	3.55	2.3
	广场、候车室	24.43	11.59	53.49	5.19	1.6	1.0	2.7

由表 7-1 和表 7-2 可看出，广州站、上海站、成都北站三个不同区域铁路车站的垃

圾组分一致，且各组分的含量无明显区别。通过比较还可知，对于不同等级、不同季节铁路车站及同一铁路车站不同产生源的垃圾也存在相同的规律，原因是铁路车站客流的流动性大，且旅客在旅途及候车过程中的生活习惯也基本相似。

铁路站车生活垃圾的组分有纸、塑料、食物残渣、竹木、织物、玻璃、金属，各组分中食物残渣的含量最高，约占 50%，纸和塑料的含量都在 20% 左右，而其余几种组分的含量都较少。造成这种构成的主要原因是旅客通常在候车室及列车上以食品来消磨时间。从表 7‒1 中还可看出，大型铁路车站（广州站、上海站、成都北站）广场、候车室垃圾中纸含量略高于旅客列车，这主要是因为大型铁路车站的人流量大，铁路车站周边的餐饮行业比较发达，所以产生的废纸较多。从表 7‒2 可看出，成都北站春秋两季的垃圾成分一致，秋季垃圾中玻璃等不燃物的含量稍有增加，其余组成含量未随季节呈现出一定的变化规律。

7.3.2　含水率分析

高含水率的垃圾在焚烧过程中不仅不能直接利用，使得处理成本提高，还直接影响垃圾的热值，所以垃圾含水率是其物理性质的一个很重要的指标。

由图 7‒1 可看出，秋季垃圾的含水率小于 50%，比春季垃圾低些，主要由于秋季食物的含水率较低。由图 7‒2 可看出，各铁路车站的铁路站车生活垃圾的含水率变化不大，为 50%～60%，比城市生活垃圾的含水率（30%～50%）稍高，所以在以铁路站车生活垃圾为原料制备 C‒RDF 的过程中需着重对干燥环节进行研究。

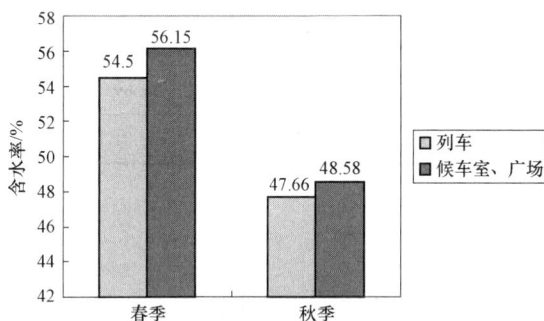

图 7‒1　成都北站春秋铁路站车生活垃圾的含水率

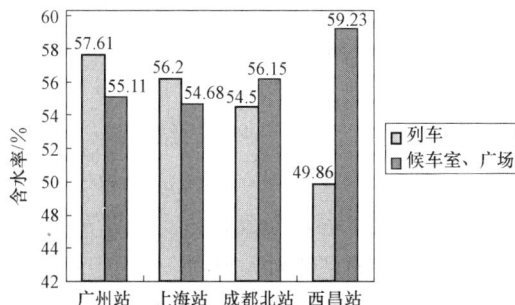

图 7‒2　各铁路车站的铁路站车生活垃圾的含水率

表 7−3 显示，铁路站车生活垃圾中含水率最高的是食物残渣和纸，其次是塑料，综合各组分所占的比例来看，食物残渣对水分的影响最大，所以在制备 C−RDF 的过程中需着重对食物残渣干燥进行研究。

表 7−3　各铁路车站铁路站车生活垃圾中各组分的含水率

季节	铁路车站		纸/%	塑料/%	食物残渣/%	竹木/%	织物/%
春季	广州站	列车	61.9	48.7	64.5	24.95	75.76
		候车室	64.78	42.3	61.54	19	—
		平均	62.86	46.5	63.5	22.9	50.5
	上海站	列车	55.22	47.77	58.92	16.82	51.5
		候车室	52.5	55.17	54.78	21.67	49.8
		平均	54.31	50.24	57.54	18.43	50.93
	成都北站	列车	55.65	51.34	61.09	46.9	51.75
		候车室	60.38	50.33	58.2	28.75	40.72
		平均	57.23	51.0	60.1	40.85	48.07
	西昌站	列车	57.85	64.7	52.9	17.6	—
		候车室	54.7	55.29	67.1	26.3	—
		平均	56.8	61.56	57.63	20.5	—
秋季	成都站	列车	50.72	45.34	54.38	27.45	—
		候车室	44.65	42.95	52.69	40.89	56.5
		平均	48.69	44.54	53.81	31.93	18.83

7.3.3　工业分析

从垃圾的工业分析结果可以了解垃圾的基本性质，是判断垃圾回收再生利用途径的基本依据，灰分、可燃分和水分的含量对以回收能源作为主要用途的垃圾处理具有重要意义。高可燃分、低灰分的垃圾不仅易于燃烧，而且对锅炉设备的破坏性也小。

图 7−3、图 7−4、图 7−5 为铁路站车生活垃圾的工业分析结果，图中含水率是应用基的含水率，灰分和可燃分是在干燥基下测定的，后换算为应用基下的灰分和可燃分，图 7−5 是去除不燃物（玻璃、金属）后的工业分析结果。

比较图 7−3、图 7−4 可看出，秋季铁路站车生活垃圾中各组分的可燃分略高于春季，这主要是由春季铁路站车生活垃圾含水率略高造成的。由图 7−3、图 7−4 还可看出，铁路站车生活垃圾各组分中可燃分贡献最大的是竹木和织物，但由于两者在垃圾中所占比例很小，所以对铁路站车生活垃圾的燃烧影响不大；其他几种组分的可燃分大小依次是塑料、纸、食物残渣，贡献最小的食物残渣干基可燃分是 87.73%，说明食物残渣也是非常适于燃烧的。

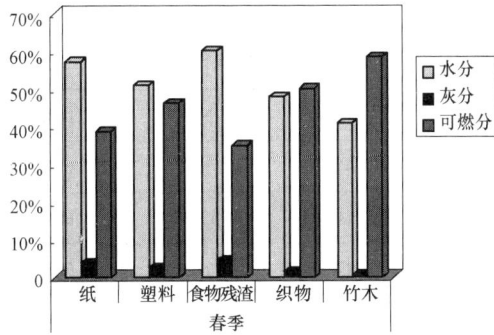

图 7－3　春季铁路站车生活垃圾各组分工业分析

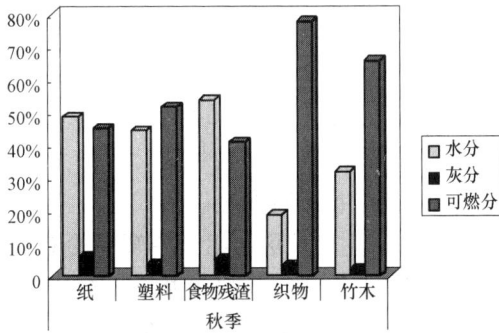

图 7－4　秋季铁路站车生活垃圾各组分工业分析

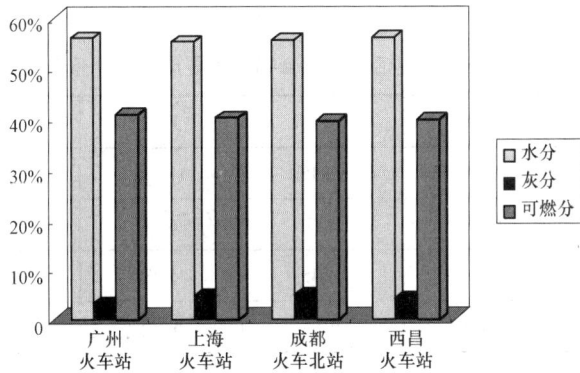

图 7－5　铁路站车生活垃圾混合样品的工业分析

由图 7－5 可知，铁路站车生活垃圾的灰分都小于 5%，小于 C－RDF 质量标准中灰分的要求（12%～25%），所以铁路站车生活垃圾的灰分符合 C－RDF 的要求。

7.3.4　元素分析

对铁路站车生活垃圾中分选出的各类可燃物进行元素分析可以了解它们的组成，推算燃烧时气体的组成和含量，尤其是对研究污染气体 NO_x、SO_x、HCl 等有重要意义。

表 7-4 铁路站车生活垃圾的元素分析（干基）

铁路车站	C/%	N/%	H/%	S/%	Cl/%
上海站	41.99	1.12	6.17	<0.5	1.235
广州站	41.88	1.735	6.09	<0.5	0.815
西昌站	47.59	1.11	7.35	<0.5	1.01
成都北站（春季）	43.925	1.875	6.4	<0.5	1.366
成都北站（秋季）	45.83	0.78	7.075	<0.5	1.67

从表 7-4 中可看出，不同季节、不同地区的铁路站车生活垃圾中各元素含量相差不大。其中，S 的含量最低，测试结果均小于 0.5%；N 和 Cl 的含量都在 1% 左右；含量最大的是 C 元素，占 40% 左右，与城市生活垃圾中的 C 元素含量相似。此次对铁路站车生活垃圾进行元素分析的结果与任福民等对铁路站车生活垃圾进行元素分析的结果相比，C、H、O 三种元素无大的变化，N、Cl 元素的含量略有变化。

从表 7-5 中可看出，铁路站车生活垃圾各组分中塑料的 C 元素含量最高，达 69.21%，非常利于燃烧，但燃烧过程中需氧量较大；垃圾中其余组分的 C 元素含量约为 40%。各组分中含量最低的是 S 元素，其次是 N 和 Cl 元素。综合分析，铁路站车生活垃圾中 S 元素、Cl 元素含量都不高，但在制备 C-RDF 时需要针对元素含量加入合适比例的添加剂，以降低污染物的排放浓度。

表 7-5 各地铁路站车生活垃圾混合物中主要成分的元素分析（干基）

样品	C/%	N/%	H/%	S/%	Cl/%
塑料	69.21	0.445	11.085	<0.5	0.765
竹木	46.375	0.35	6.21	<0.5	0.48
纺织品	44.595	0.345	5.98	<0.5	1.665
纸	40.99	0.28	6.145	<0.5	0.855
食物残渣	42.89	2.11	6.17	<0.5	1.415

7.3.5 热值分析

发热量是垃圾作为能源回收利用的一项重要指标，能反映垃圾在热能利用方面的可用性，是垃圾焚烧的首要参数，对不同区域采样的铁路站车生活垃圾热值分析见表 7-6。

从表 7-6 中可看出，各地的铁路站车生活垃圾热值差别不大，主要因为垃圾中各成分的含量和水分都相差不大。垃圾用于焚烧，其低位热值一般要在 4 000 kJ/kg 以上，去除不燃物后，铁路站车生活垃圾主要成分为塑料、纸等发热量很高的物质，经过测定各地铁路站车生活垃圾的湿基低位发热量基本在 7 500 kJ/kg 以上，干基热值在 22 000 kJ/kg 以上，完全符合焚烧对于热值的需求，由此可知铁路站车生活垃圾制备形成 C−RDF 后用于燃烧是完全可行的。

表 7−6　不同地区铁路站车生活垃圾的热值分析　　　　　单位：kJ/kg

	上海站	广州站	西昌站	成都北站（春季）	成都北站（秋季）
干基	28 627	24 162	26 279	23 135	22 884
湿基	9 981	7 778	8 937	7 521	9 078

注：测定是筛分出玻璃、金属后进行的

7.3.6　重金属分析

从表 7−7 中可看出，铁路站车生活垃圾中各种重金属的含量，Zn 元素最高，变化范围为 35.4～266 μg/g；其次是 Cu 元素和 Cr 元素，变化范围为 9.7～237 μg/g 和 14.4～117 μg/g；Cd 元素的含量最低，变化范围为 0.08～0.22 μg/g。而且，不同地区、不同季节、不同产生场所的垃圾中变化最大的 3 种重金属是 Zn 元素、Cu 元素和 Cr 元素。

表 7−7　铁路站车生活垃圾重金属含量　　　　　单位：μg / g

样品来源	As	Cd	Cr	Cu	Ni	Pb	Zn
春季成都北站旅客列车	1.6	0.14	21.5	26.1	5.1	6.0	35.4
春季成都北站广场、候车室	2.0	0.12	53.6	237	7.0	9.0	56.6
秋季成都北站旅客列车	2.0	0.09	14.4	24.3	3.7	3.5	38.1
秋季成都北站广场、候车室	1.9	0.22	117	47.8	4.5	5.8	83.2
上海站旅客列车	1.5	0.08	15.7	10.2	4.5	8.0	298
上海站广场、候车室	1.3	0.08	14.5	9.7	3.3	7.2	266

通过以上对铁路站车生活垃圾进行的全面调查研究，得到以下主要结论。

（1）铁路站车生活垃圾的构成较生活垃圾简单，且其组成及含量随季节和区域的改变不明显。

（2）铁路站车生活垃圾中塑料的含量大大高于城市生活垃圾，由于其成型性可能较差，在 C−RDF 的成型环节应该对此特别注意。

（3）铁路站车生活垃圾的水分含量在 55% 左右，食物残渣对水分的影响最大，所以在制备 C−RDF 的过程中需对干燥环节进行更多研究。

（4）铁路站车生活垃圾容重变化范围为 80.9～253.5 kg/m³，具有很大的压缩空间。

（5）铁路站车生活垃圾灰分小、可燃分大，完全符合 C-RDF 对这两个指标的要求。

（6）在剔除了不燃物后，铁路垃圾湿基低位发热量基本在 7 500 kJ/kg，干基热值在 22 000 kJ/kg 以上，完全符合焚烧对于热值的要求。

（7）铁路站车生活垃圾中 S、Cl 元素含量都不高，但在制备 C-RDF 时需针对其元素的含量加入合适比例的添加剂，以降低污染物的排放浓度。

（8）铁路站车生活垃圾中含量最多的 3 种重金属依次是 Zn、Cu、Cr。

7.4 案例的应用流程

C-RDF 可控制燃料热值，容易实现稳定燃烧。由于 C-RDF 是统一形状和规格的压块燃料，可以实现成型时添加固硫、脱氮及催化剂等，再配套合适的燃烧设备，既有利于高效燃烧又能减少污染。

以上对我国铁路站车生活垃圾特点的调查结果显示，我国铁路站车生活垃圾的构成比生活垃圾简单，且其组成及含量较为稳定，同时垃圾灰分小、可燃分大，完全符合 C-RDF 对灰分、可燃分的要求。此外，铁路站车生活垃圾经过分选回收了可循环利用的物质以后，其成分基本以食物残渣、织物、竹木等生物质为主，生物质由于具有含硫量、含氮量都较低，灰分较小，是一种宝贵的清洁燃料。

一般地，当垃圾低位热值高于 4 200～5 000 kJ/kg 时，即可进行焚烧处理，但若要保证燃烧效率很高且排放清洁，国外一般推荐垃圾低位热值高于 6 000 kJ/kg。由于垃圾热值具有不稳定性，在没有辅助燃料时，难于控制有害气体的生成和排放，易造成环境污染，因此可采用将垃圾与煤混合制成 C-RDF 的方案，提高其低位热值，保证燃烧稳定，同时可简化燃烧系统。而且，煤与生物质垃圾混烧，可使着火点提前，获得更好的燃尽特性，使发热量增加，提高了铁路垃圾的利用价值。

C-RDF 生产工艺主要由烘干、粉碎、混合、高压成型等单元组成。具体的生产过程如下：首先，将原煤和准备掺入的生物质分别进行烘干，将干燥后的原煤进行破碎，生物质则加以碾碎，磨成微细粉末；其次，将两者进行充分混合，可根据原煤和生物质的特性，视情况加入适量的黏结剂和固硫剂；最后，将上述混合物一同送入成型机，在一定压力下压制成型。利用生物质型煤生产工艺来进行 C-RDF 成型制备研究，其工艺流程图如图 7-6 所示。

将 C-RDF 利用生物质型煤生产工艺制成适合于链条炉燃烧的椭圆形球状颗粒后，由于颗粒尺寸的可控化和规格化，使烟气的粉尘浓度得以大量减少，同样也使燃料的挥发分释放速度可控，从而使锅炉排放烟气中的烟尘及碳氢类有害气体的排放浓度得以降低。

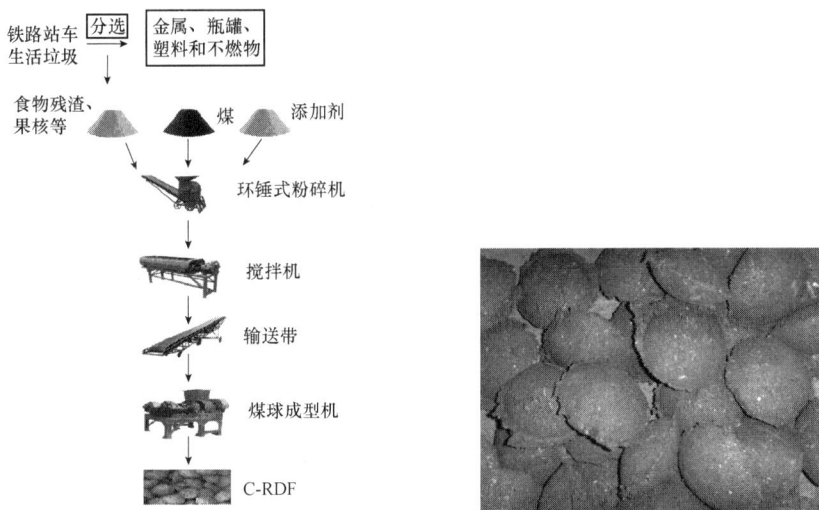

图 7-6　制备 C-RDF 的工艺流程图

7.5　案例展望及思考

将铁路站车生活垃圾制备成 C-RDF 进行燃烧，能很好地达到垃圾减容减量的目的，并可将其产生的能量用于发电、供热等，为铁路站车生活垃圾提供了一条新型资源化解决途径。本案例为开展铁路站车生活垃圾的控制和处理措施规划奠定了基础和依据，为铁路站车生活垃圾的实际应用奠定了一定的理论和试验基础。C-RDF 研究的重点是开发低成本、高固硫率和防潮抗水型适用于工业锅炉燃用的 C-RDF，可以适量加入黏结剂或根据生物质具体性能对其进行生物化学预处理以适当提高其黏结力；可将 C-RDF 的灰分、水分、挥发分、发热量、燃料比、粒径大小、焦渣特性、热变形特性等调整到有利于燃烧的最佳值和大幅度降低生产成本，使之发展成先进的高效清洁燃料，今后在这些方面均需要继续深入研究。

实现垃圾的资源化在很大程度上与资源化技术有关，科技的进步可以增加可利用废物的种类和深度，提高综合利用率，从而推动垃圾资源化产业的快速发展。因此需要结合国情，在引进国外先进技术和关键设备的同时，加大科技投入，研究开发出先进适用的铁路站车生活垃圾处理成套技术和处理的专用设备，为铁路站车生活垃圾资源化提供硬件支持。

根据以上案例，回答以下问题。

1. 什么是 C-RDF？

2. 铁路站车生活垃圾的理化性质是怎样的？

3. 铁路站车生活垃圾制成 C-RDF 的流程是怎样的？

第8章 企业绿色物流——资源型企业物流量的分析预测

8.1 资源型企业与物流量概述

8.1.1 资源型企业的概念

资源型企业是指在其产品成本构成中以自然资源为主体或其生产要素的构成中自然资源占核心地位，并通过对自然资源的消耗来实现生产的企业。资源型企业最突出的特征就是自然资源对企业的贡献大，企业对自然资源的依赖性强。由于资源的稀缺性、不可替代性和经济性，使得企业具有了一定的竞争优势。

目前，随着资源的耗竭，资源型企业的盈利能力逐渐下降，业务出现萎缩。而同时资源型企业在早期和随后发展过程中所投入的沉没成本无法转移出去，固定资产的投入资金无法盘活，新的盈利增长点有待开发，出现了大量固定资产闲置和浪费的现象。而这些闲置的资产如能适时的以合适的途径逐渐转移到城市物流的供给方面，发展第三方物流业，这样可以节约社会资源，创造企业利润，方便地区产业朝着集约化、绿色化发展。

8.1.2 资源型企业物流需求与供给

资源型企业物流需求是指该资源型企业或集团在实际的运营中，为满足资源型产品的开采、运输、仓储、配送等生产活动的需要，而对企业自身物流能力的实际占用和耗费。概况来讲，一般企业的物流需求包括企业生产运营中产生的供应物流、生产物流、销售物流、回收物流和废弃物流。对于资源型企业来说，由于其产品的特殊属性和其生产活动以资源的开采和运输为主，因此生产物流与销售物流在资源型企业的物流活动中占主导作用。

资源型企业生产运营中所产生的各种物流活动相对于一般的制造型企业来说，其物流活动过程相对复杂、物流活动需求量比较大，同时由于其个别产品的特殊处理工序使得物流活动需求的难度也有所增加。同时，资源型企业的物流需求还受到企业生命周期等自然因素的影响而呈现出一定的周期性规律。在一般情况下，处于资源开采初期的资源型企业其物流的需求往往呈现出快速的增长趋势；伴随资源型企业开采技术的成熟以及物流各项设施配置和管理活动的完善，企业的开采逐渐过渡到平稳发展时期，此时也是资源型企业开采生产的饱和期，企业各项生产活动相对稳定，物流活动最大供给能力达到企业的物流需求，各项资源得到合理利用。

供给是指在一定价格下，企业愿意提供的产品数量。资源型企业的物流供给主要是指在一定价格水平下，资源型企业愿意提供的各种物流服务的数量。物流供给的实质就是物流服务的提供。

资源型企业在早期的投资兴建和后期的长时间发展中，往往投入了大量资金用于兴建与配置厂房、仓库、车队等量仓储和配送设施，并安排了一定数量的员工从事物流活动的基础性操作、信息化建设及物流的战略管理等活动，以达到资源型企业物流能力对其生产所产生的多种物流活动需求的满足。通过前面对资源型企业生产生命周期的分析，在资源型企业的发展后期，伴随企业因资源储量有限所产生的产量骤减，以及由此引起的企业内多个物流环节活动的减少，资源型企业自身的物流需求将逐渐降低。另外，由于资源型企业在早期的投产建设和长期的发展中受到计划经济时期发展模式的影响，在规模上追求大而全、小而全，企业的各种物流能力供给充足甚至存在过剩现象。特别地，当资源型企业的产能降少，资源型企业集团的自身物流需求也随之逐渐降低时，资源型企业若没有采取适当的途径增加其内部物流服务的需求量或有效转移出其过剩的部分物流供给能力，其过剩的物流供给能力将造成资产的大量限制和浪费。

8.2　资源型企业物流量预测模型

本案例在对资源型企业物流量的预测中，主要以对资源型企业的物流供给量和需求量预测为主，并以灰色模型对企业的货运供给量进行预测，以相关回归分析对影响资源型企业物流需求量的影响因素进行相关检验和试算，在确定货运需求量的主要影响因素后，通过建立相关回归方程，进行详细预测。

对于资源型企业来说，可定性分析得出其物流能力函数如下：

$$E = f(T, G, C, M)$$

其中，E 表示资源型企业的物流能力；

T 表示资源型企业物流运作的技术实力，主要表现为企业物流运作平台的搭建和其信息化水平；

G 表示资源型企业的物流管理能力，主要表现为企业物流管理运作经验的积累和更新；

M 表示资源型企业的生产能力；

C 表示企业在运营中所产生的物流流量，它也是定量表示企业物流能力的主要指标。

根据企业的经营活动，结合物流量预测的内容，把物流量划分成几个大块，如运输量、库存量、配送量等。在本案例对资源型企业物流量的预测中，由于数据的可得性等条件的限制，我们以资源型企业的货运量为主要指标来表示资源型企业的物流量。在对这类数据进行预测时，往往会因数据类型的差异性、可得性以及准确性而对预测的结果产生很大影响。本案例以灰色模型和回归模型相结合的方法对资源型企业的物流需求进行预测；以资源型企业现有的货运供给能力为基础，结合资源型企业的生产周期和实际调研所得数据，来对资源型企业的物流需求进行预测。

8.2.1 资源型企业物流需求模型

资源型企业对物流供给能力方面的需求受到资源型企业的年开采量、生产环节、企业集团的经营主体特点和地理分布等多种因素的影响。对于一段时期内的大多数资源型企业来说，其业务构成和生产环节相对稳定，经营主体的地理分布和业务单元也具有很大的稳定性，年开采量往往成为影响资源型企业物流活动，以及各项活动所产生的物流需求的显著因素。因此，我们可以通过对资源型企业的年开采量进行预测，并建立资源型企业的物流能力需求量与年开采量的回归模型，进而对资源型企业的物流需求量进行预测，其流程如图 8-1 所示。

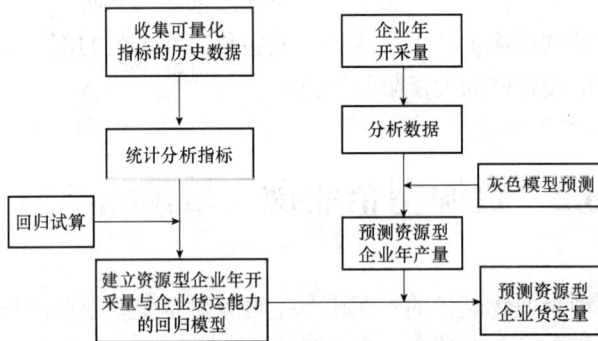

图 8-1 资源型企业的物流能力需求量与年开采量的回归模型建模流程

在资源型企业的生产运营中，年开采量受到国家宏观调控政策、市场需求状况、产品价格、资源型企业的储量以及生产技术等多种因素的影响。因此，当无法将所有的影响因素对预测目标的影响程度全部考虑清楚时，采用时间序列预测模型能将所有的影响因素都归结在对预测目标的时间影响因素上。这样在用时间序列预测模型对资源型企业的年开采量进行预测时，未来国家、企业的一些政策性变动和当地资源市场供需状况等因素对资源性企业年开采量的影响在时间序列预测模型的预测值中已经体现，因此大大减少了预测工作的复杂性。

一般比较常用的时间序列预测法主要有指数平滑预测模型和灰色系统预测模型。由于指数平滑预测模型的时间滞后性很大，因此本案例采用灰色系统预测模型来对资源型企业的物流需求量进行预测。

对资源型企业的物流需求量的预测，本案例仍以资源型企业货运能力的需求量为指标对资源型企业物流需求量进行估算。

其预测过程如下。

以历史数据为基础，建立一元非线性回归模型来表示资源型企业的物流需求量与年产量之间的数量关系。下面以一元多项式回归模型为例来说明回归模型的建立过程。

假定因变量 y_i 与自变量 x_i，x_i^2，$\cdots$，x_i^m 之间存在某种非线性关系：

$$Y_i = \beta_0 + \beta_1 x_i + \beta_2 x_i^2 + \cdots + \beta_m x_i^m + u_1 \quad (8-1)$$

当给定一组自变量和因变量的观察值时：

$$\begin{cases} Y_1 = \beta_0 + \beta_1 x_1 + \beta_2 x_1^2 + \cdots + \beta_m x_1^m + u_1 \\ Y_2 = \beta_0 + \beta_1 x_2 + \beta_2 x_2^2 + \cdots + \beta_m x_2^m + u_2 \\ \qquad\qquad\qquad \text{\Large \textperthousand} \\ Y_n = \beta_0 + \beta_1 x_n + \beta_2 x_n^2 + \cdots + \beta_m x_n^m + u_n \end{cases} \quad (8-2)$$

其中，β_0，β_1，β_2，$\cdots$，β_m 是 $1+m$ 个待估计参数；

x_i，x_i^2，$\cdots$，x_i^m 是可以测量或控制的 m 个自变量；

u_1，u_2，$\cdots$，u_n 是 n 个相互独立且服从同一正态分布 $N(0, \sigma^2)$ 的随机误差。

在本案例中，x_i，y_i 的经济解释如下：

x_i 代表不同年份的资源型企业年开采量；

y_i 代表不同年份的资源型企业货运量。

在对线性回归模型进行检验时，主要进行 R^2 检验、F 检验和 t 检验。

① R^2 检验。线性回归方程的 R^2 计算公式为：

$$R^2 = \frac{\sum(\hat{y} - \overline{y})^2}{\sum(y_i - \overline{y})^2} = 1 - \frac{\sum(y_i - \hat{y}_i)^2}{\sum(y_i - \overline{y})^2} \quad (8-3)$$

R^2 称为复可决系数，它的平方根 R 的计算公式为：

$$R = \sqrt{1 - \frac{\sum(y_i - \hat{y}_i)^2}{\sum(y_i - \overline{y})^2}} \quad (8-4)$$

R 称为复相关系数。

R^2 表示自变量 x_i，x_i^2，$\cdots x_i^m$ 对因变量 y 的影响程度；

R 表示自变量 x_i，x_i^2，$\cdots x_i^m$ 与因变量 y 之间的相关程度。

② F 检验。

F 检验是用来判断变量 x 与 y 之间的显著性关系。它的计算过程比较烦琐，本案例借助 Excel 软件使检验过程得到简化。

在 Excel 软件中直接进行 F 检验的方法如下：

检查 Excel 软件所生成的回归关系数表，Significance F 项所对应的值若小于 5%，则认为此回归模型的变量 x 与 y 之间的关系显著，F 检验通过，可以进行回归预测。Significance F 项所对应的值若大于 5%，则认为此回归模型的变量 x 与 y 之间的关系不显著，F 检验不通过，预测结果误差将会比较大。

③ t 检验。

t 检验是用来判断变量 x 显著性关系的检验，它的计算过程比较烦琐，本案例借助 Excel 软件，使检验过程得到简化。

在 Excel 软件中直接进行 t 检验的方法如下：

检查 Excel 软件所生成的回归关系数表，p－value 项所对应的值若小于 5%，则认为此回归模型的变量 x 关系显著，t 检验通过，可以进行回归预测。p－value 项所对应的值若大于 5%，则认为此回归模型的变量 x 关系不显著，t 检验不通过，预测结果误差将会比较大。

第二，根据资源型企业年开采量的历史数据建立灰色模型预测企业目标年的开采量。

第三，将预测期内资源型企业的年开采量代入回归模型，得到资源型企业的货运能力需求预测值。

8.2.2 资源型企业物流供给模型

根据前文对资源型企业物流供给能力的特点以及分布特征得出，资源型企业的物流供给能力与企业的类型、组织结构、业务特点等有很大关系。对于资源型企业物流供给能力的预测有两条思路。

其一，根据资源型企业不同的业务特点和物流供给能力分布，分别对企业所蕴含的物流供给能力进行建模和预测，然后汇总得出资源型企业总物流供给能力。显然此种预测方法的工作量很大，对数据的收集和整理工作要求比较高。

其二，直接对资源型企业集团的总物流供给能力进行预测。在资源型企业的发展过程中，其产能的变化曲线基本符合倒浴盆线模式，其物流供给能力因企业发展所处时期的不同而呈现出不同的特点。具体来说，可分为以下三个阶段来分析。

1. 投入期和快速发展期

在资源型企业的兴建期和快速发展期，由于产能的增大，带动以开采为中心的资源型企业的各项生产活动呈现增加趋势，包括各种原材料生产相关资源的买进和各项辅料的生产流转等。此时，资源型企业的物流供给能力的需求增大，企业在物流设施、人员、资本投入方面也呈现上升趋势。

2. 稳产期和高峰期

此时，资源型企业的资源产量稳定，企业的运作活动稳步进行，随着企业的产量稳步发展，企业各项服务投入也告别了前期的大笔资本注入时期，物流设施和建设也进入了应需投资，合理利用的时期。特别是当资源型企业的产量达到高峰期时，企业的物流设施与物流能力基本保持稳定，企业物流的需求和供给能力基本达到平衡，物流供给饱和状态运作。

3. 减产期

以资源型开采为主业的资源型企业不可避免地在达到产量高峰期后进入产能减产，发展缓慢甚至停滞的减产期发展。此时，企业的资源产量减产，与资源的生产运营相伴随的一些企业内部服务部门如不进行业务开拓和转型，都会出现一定的闲置状态。此时，资源型企业的物流能力，包括其原有的一些硬件设施（如车队、仓库，信息设备等），将只在满足需要的情况下进行简单的调换更新，不再进行大规模的资产投入，其现有物流能力将随着设备的老化折旧等出现降低的趋势。资源型企业物流资源因其资源产品的产量降低而出现物流供应能力过剩，物流设施闲置的现象。

以资源型企业的物流运力设施来说，主要有火车、汽车、船运三种形式，火车年折旧率为 8%～5%，平均值为 6.5%，即 16～20 年；汽车是累进折旧，一般为 10%；船一般为 4%～9%，均值为 6.5%，即 8～18 年。在进行资源型企业的物流能力供给预测时，我们主要以资源型企业达到稳产期或高峰期时的物流供给能力（本案例以货运量来进行估算描述）为基础，并以集约化生产计划为条件，即假设在随后的资源型企业产能降低的情况下，除了对原有设备的维护保养外，不再进行大规模的投资新建。此时，我们以其稳产期或高峰期的物流运力为基础，设备一般平均折旧率为依据，对资源型企业的未来物流的提供能力做出预测。

收集资源型企业最近时期的产量值，以及可开采年限及稳产期的文献，根据企业一段时期的产量变化情况，来预测资源型企业的稳产期和高峰期出现的时间和产量。本案例以企业在高峰期或稳产期时期的货运量作为企业能提供的运力最大量（假设企业的运力发展至高峰期之前都是按照当时对物流能力的供应所需来增加的）。预测企业未来的物流能力，只需以企业的资源开采稳产期或最大产能时期的货运量为基础，按照一定的折旧率折算，就可预测出企业未来的物流供给能力。

其算法表达式为：

$$W_q = QK^\alpha \tag{8-5}$$

其中，W_q 表示未来某年企业的实际物流供给能力；

K 表示企业物流能力折旧率，需要根据不同的产业、企业发展情况由企业的实际情况而定；

α 表示预测的时间年限；

Q 表示企业在稳产期或高峰期时的货运量。由于此时企业物流能力是满负荷使用的，我们把此时期货运量看成企业的最大物流供给能力。

8.3　案例企业物流量预测模型

某矿业（集团）有限责任公司是一个以煤炭产品为主，兼有机械制造、建筑、建材、电力、化工、运输、商贸等行业的国家大型企业，属山东煤炭工业管理局领导。矿区东西长约 100 km，南北宽约 50 km，总面积约 5 000 km²，含煤面积 1 300 km²。

公司位于山东省南部，地理位置优越，交通十分便利。京沪铁路、104 国道、京福高速公路、京杭大运河以及京沪高速铁路五大交通要道纵贯矿区，铁路、公路、水路通向四面八方。各矿均有完备的储装运设施，可整列出车。

公司辖有四大煤田，现有主要生产矿井 12 对，9 座选煤厂，1 座水煤浆厂，煤炭开采工艺先进，加工洗选技术雄厚，年产原煤 2 000 多万 t，洗精煤 640 万 t，水煤浆 25 万 t，商品煤总销量 1 800 多万 t。

1. 某矿业（集团）有限责任公司货运量的需求预测

由前文的分析可知，企业的年开采量是影响资源型企业对物流供给能力需求的直接显著原因，它影响资源型企业的物流活动以及企业的各项活动所产生的物流供给能力需求。该公司年货运量和开采量数据见表 8－1。

表 8－1　某矿业（集团）有限责任公司年货运量和开采量数据　　单位：万 t

年份	企业年开采量 x	企业年开采量的平方 x^2	企业年货运量 y
2012	890.65	793 257.422 5	790.72
2013	858.59	737 176.788 1	753.61
2014	831.73	691 774.792 9	740.45
2015	750.37	563 055.1369	702.6
2016	680.24	462 726.457 6	655.35
2017	600.36	360 432.129 6	573.16
2018	500.26	250 260.067 6	470.38

借助 Excel 软件求得该公司的年开采量与年货运量的相关系数，见表 8－2。

表 8－2　相关系数表

相关系数	x	x^2	y
x	1		
x^2	0.989 094	1	
y	0.997 017	0.976 32	1

表 8－2 中，x 表示资源型企业的年开采量；y 表示资源型企业的年货运量。

可见资源型企业的年开采量与年货运量显著相关，可以建立回归模型进行预测。本案例通过灰色模型对某矿业（集团）有限责任公司的年开采量进行预测，并建立该企业物流能力需求量与企业年开采量之间的回归模型，进而对该企业的物流需求量进行预测。

1）以企业年开采量作为主要影响因素对年货运量进行回归预测

借助 Excel 软件经过回归模型试算，建立某矿业（集团）有限责任公司年货运量与年开采量的一元二次多项式回归模型为：

$$y = 2.006\ 595x - 0.009\ 2\ x^2 - 332.472$$

使用 Excel 软件的回归计算过程和检验数据不再赘述。

（1）拟合优度分析。

$$R^2 = 99.725\ 2\% > 80\%$$

可见，该矿业（集团）有限责任公司年货运量与年开采量之间有高度的相关关系，表现为正相关，这说明用二次曲线回归方程来描述是恰当的。

（2）回归方程显著性检验。

在 Excel 软件生成表中，x，x^2 对应的 Significance F 值为 $3.013\,12 \times 10^{-5}$，小于 5%，F 显著性检验通过。

（3）t 检验。

在 Excel 软件生成表中，回归分析对应的 p–value 值分别为 0.005 375、0.026 384，p–value 均小于 5%，t 检验通过。

2）根据某矿业（集团）有限责任公司年开采量的历史数据建立灰色模型，预测企业目标年的煤炭开采量

根据表 8–1，根据某矿业（集团）有限责任公司开采量的历史数据，做出 1993—2018 年该企业货运量变化曲线图，如图 8–2 所示。

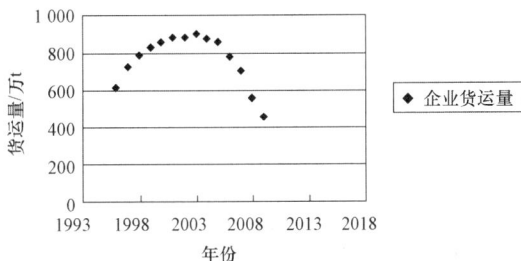

图 8–2　某矿业（集团）有限责任公司货运量变化曲线图

由图 8–2 可知，煤炭年开采量主要受到资源储量的影响，其变化曲线也类似于倒浴盆线形，反映了资源型产业发展的趋势和特点。通过对某矿业（集团）有限责任公司发展周期的理论数据分析以及结合当地的实际调研情况得出，该矿业（集团）有限责任公司的资源开采早已过了开采饱和年，目前正处于开采能力萎缩、产量减少的过渡时期。公司也正在积极寻找调整产业结构、培育可持续发展产业的相关措施。

在用灰色 GM (1, 1) 进行某矿业（集团）有限责任公司年开采量的预测中，由图 8–2 可知，煤炭年开采具有很强的阶段性，且每个阶段的发展趋势不同。因此我们只选取煤炭开采后期，即 2003 年以后的数据作为预测的原始数据来对未来 3 年该矿业（集团）有限责任公司的年开采量进行预测。

其中，$a = 0.101\,203$，$b = 1\,028.902$

因此得到的 GM (1, 1) 灰色模型为：

$$\hat{x}{}^{(1)}(k+1) = \left(x^0(1) - \frac{b}{a}\right)e^{-ak} + \frac{b}{a} = -9\,276.35^{-0.101\,203k} + 10\,167$$

预测结果见表 8–3。

表 8-3　未来 3 年某矿业（集团）有限责任公司煤炭开采量

年份	2019	2020	2021
企业煤炭年开采量/万 t	486.77	439.64	397.33

该灰色模型是否适用于该矿业（集团）有限公司年开采量的预测还需要通过模型精度的检验。常用的检验方法有残差检验、后验差检验。方法同上文，这里不再介绍。

3）求得某矿业（集团）有限责任公司未来 3 年货运量的需求值

将所求得的某矿业（集团）有限责任公司未来 3 年的煤炭年开采量数据代入前文所建立的该企业年货运量与年开采量的回归模型：$y = 2.006595x - 0.00092x^2 - 332.472$ 中，进而得到该企业未来 3 年的货运量需求值见表 8-4。

表 8-4　未来 3 年某矿业（集团）有限责任公司货运量需求表

年份	2019	2020	2021
企业年货运量需求量/万 t	455.181 1	397.981 6	343.150 5

2. 某矿业（集团）有限责任公司的货运量供给预测

由前面的分析可知，当企业的产量达到最大，资源型企业产能达到饱和期时，其物流的供给能力处于满负荷状态，可以据此估算出企业的最大物流供给能力。由前文论述可知道，伴随着资源型企业不可避免的产能减少，企业物流设备设施将不再进行投入。同时考虑到资源型企业物流设备设施一定程度的报废折旧，可以据此粗略估算出资源型企业的物流过剩量。

根据表 8-1 可知某矿业（集团）有限责任公司在 2012 年时产能达到最大，产生的货运量最多，粗略认为此时企业的货运能力满负荷运作，即企业的最大货运能力供给是 890.65万 t。由公式（8-5），考虑到其物流设备的年折旧率据企业会计部门统计为 8%左右，由此，得到未来三年某矿业（集团）有限责任公司的物流供给能力（见表 8-5）。

表 8-5　未来三年某矿业（集团）有限责任公司货运能力

年份	2019	2020	2021
企业货运能力/万 t	432.75	398.13	366.28

通过上文某矿业（集团）有限责任公司的物流需求和供给能力的预测和估算，我们看到，某矿业（集团）有限公司的物流设施设备大量闲置，存在很大浪费现象。在发展过程中应随其产能的不断减少及时进行企业有效资源的高效再利用，以及进行替代产业的培育与产业转型，以最大限度地服务社会需求和适应区域发展趋势，只有这样才是资源型企业可持续发展的途径。

8.4 案例结论与思考

资源型企业的产品大都是初级产品，产品附加值较低，从而导致整个资源型产业的产品控制力和竞争力相对较弱。资源型企业的产生过程与一般企业不同，对物流（生产资料的供给和产品运销）的需求量非常大，为此，它们拥有庞大的物流采购、存储、运输和销售的系列化部门，拥有良好的物流管理经验和技术，拥有自己的车队，甚至拥有自己的内部铁路。由于自然资源开采量的减少和产品产出的相应减少，其必然造成资源型企业物资部门的产能闲置。在循环经济、低碳经济和可持续发展成为经济发展的主题的今天，无论从转方式、调结构的外部环境看，还是从企业自身可持续发展的战略选择来看，资源型企业的转型发展已经迫在眉睫。首先，要利用资源型企业的特殊性，其生产设备、物资材料批量大、供应渠道固定的特点，将资源型企业的物流业务延伸到城市相关物流需求，实现资源型企业和城市相关物流需求的物流实体网络和物流信息网络的交叉和共享。并将资源型企业原来专有的物流部门改造成通用的物流企业，为城市及周遍地区的物流服务，成为以城市为中心的区域物流的支柱。其次，确定市场定位，进行物流业务的整合。资源型企业现有物流能力应重新规划和整理，使之市场化，并参与经营和竞争。最后，对于资源型企业本身来说，要以科学发展观为指导，以技术创新和体制创新为动力，加快由单一产品结构向多元化的产品结构转变，走一条经济效益好、环境污染少和生态效益高的可持续发展道路。

根据以上案例，回答以下问题：

（1）什么是资源型企业？它有什么特点？

（2）什么是资源型企业的物流需求与供给？

（3）简述案例企业的物流需求量是如何预测的。

第9章 行业绿色物流——建筑循环物流系统构建

9.1 建筑循环物流系统模型概述

9.1.1 建筑循环系统的概念

据调查,全世界每年材料和能源的消耗50%是在与建设项目施工及相关活动中进行的;在美国,建筑材料的生产和建筑产品的生产、运营、维护及废弃物处理每年消耗36%的电能,并导致每年排放超过500万t的CO_2、SO_2、NO_x及颗粒物;在日本,建筑过程所占用的资源和材料,约占全部资源使用量的50%,所产生的建筑固体废物约占全部产业废弃物的20%,而最终处理的废物数量占全部产业废物的40%以上。

对于我国而言,建设项目施工阶段总体上仍没有脱离"高投入、高消耗、高排放"的粗放型模式,这就使得建筑产品的生命周期内对资源与环境产生了巨大压力。以土地资源为例,我国房屋建筑材料中70%是墙体材料,其中黏土砖占据主导地位,生产黏土砖每年耗用黏土资源达10多亿m^3,约相当于毁田50万亩;而同时,建筑固体废物的发生量亦持续增长,北京、上海等特大城市的建筑固体废物发生量已经达到同期生活固体废物发生量的6~7倍,绝大部分建筑固体废物仍然只进行简易填埋,大量可再生资源没有得到循环利用。长此以往,一方面建筑产品的资源消耗不能得到缓解,稀缺的国土资源占用不能得到替代;另一方面也不断加剧对空气、水体等的污染。因此为了促进资源循环最大化,建设经济、社会、环境协调发展的循环型社会,必须构建建筑循环物流系统。

建筑循环物流系统(construction product circular logistics system,CPCLS),是为促进建设项目施工过程的资源循环最大化,由建筑供应链上的物流要素所组成,将建筑材料物流与建筑固体废物物流进行有机整合的资源节约型、环境友好型物流系统。根据建筑循环物流系统的定义,建筑物流包括主体要素和客体要素,主体要素是组成建筑供应链的企业或企业群落,包括建筑材料供应企业、建筑施工企业、回收处理企业和建筑循环物流企业;客体要素是建设项目施工阶段资源循环过程涉及的各类资源。各类客体要素通过主体要素的作用,完成相互转化,实现资源循环过程。建设项目在不同的施工阶段,资源循环具有不同的特点，包括拆除施工、土石方施工、结构施工、装饰装修施工。

在建筑循环物流系统中，建筑材料供应企业、建筑施工企业、回收处理企业、建筑循环物流企业四类参与主体之间，相互存在复杂的商流、物流、资金流以及信息流过程。建筑循环物流系统的物流，是建筑材料、建筑固体废弃物、再生资源等客体要素在建筑材料供应企业、建筑施工企业、回收处理企业和建筑循环物流企业等主体要素之间的实物转移过程，如图9-1所示。建筑循环物流系统模型如图9-2所示。

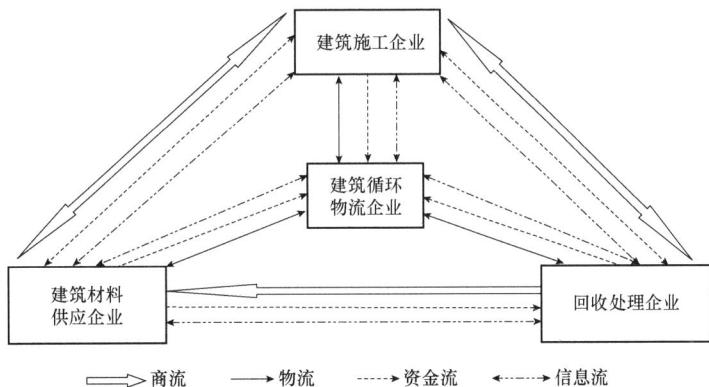

图9-1　建筑循环物流系统的物流、商流、资金流和信息流

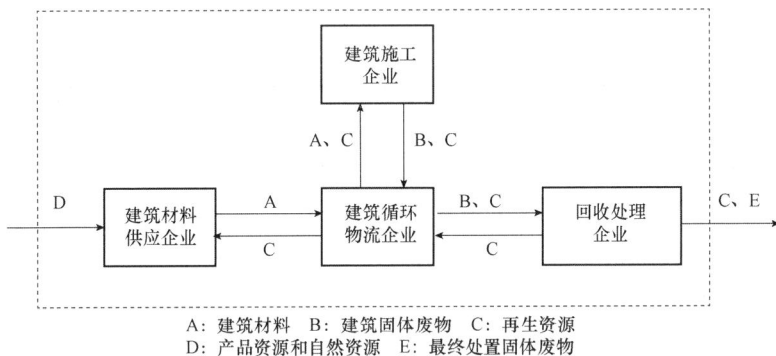

A：建筑材料　B：建筑固体废物　C：再生资源
D：产品资源和自然资源　E：最终处置固体废物

图9-2　建筑循环物流系统模型

9.1.2　建立循环系统模型及分析指标

根据物质流分析方法的指标分类，为建立模型需要，本案例设计了如下指标，现说明如下。

1. 参数变量说明

建立模型所需的参数变量，见表9-1。

2. 决策变量说明

建立模型所需的决策变量，见表9-2。

表9-1 模型参数变量

变量名称	变量说明	备注
B	下标，代表建筑材料供应企业	
E	下标，代表建筑施工企业的建设项目部	
P	下标，代表回收处理企业	
W	下标，代表建筑材料物流企业	现实物流系统模型
V	下标，代表建筑固体废物物流企业	现实物流系统模型
U	下标，代表建筑循环物流企业	循环物流系统模型
$l=1,2,L$	建筑材料供应企业下标序号	
$j=1,2,L$	建筑施工企业建设项目部下标序号	
$k=1,2,L$	回收处理企业下标序号	
$m=1,2,L$	建筑材料物流企业下标序号	现实物流系统模型
$n=1,2,L$	建筑固体废物物流企业下标序号	现实物流系统模型
$u=1,2,L$	循环物流企业下标序号	循环物流系统模型
$t=1,2,L$	系统时间周期序号	
g_{jt}	第 t 周期建设项目 j 的施工规模，m^2	
α	建筑材料供应企业的生产效率，%	
β	建筑材料单位需求系数，t/m^2	
γ	建筑固体废物单位发生系数，t/m^2	
q_m	物流车辆载重量，t/辆	
M^w	建筑材料物流企业车辆数，辆	现实物流系统模型
M^V	建筑固体废物物流企业车辆数，辆	现实物流系统模型
M^U	建筑循环物流企业车辆数，辆	循环物流系统模型
$B_i(x,y)$	第 i 个建筑材料供应企业的供应地点	
$E_j(x,y)$	第 j 个建设项目的施工地点	
$P_k(x,y)$	第 k 个回收处理企业的回收处理地点	
c_{lt}^b	第 t 周期建筑材料供应企业 l 采购自然资源或产品资源的单价，元/t	
c_{ljt}^{be}	第 t 周期建筑材料供应企业 l 向建设项目 j 销售的建筑材料单价，元/t	
c_{jkt}^{ep}	第 t 周期建设项目 j 向回收处理企业 k 支付的建筑固体废弃物的处理费单价，元/t	
c_{jt}^e	第 t 周期建设项目 j 销售再生资源单价，元/t	
c_{kt}^p	第 t 周期回收处理企业 k 销售再生资源单价，元/t	
p_1	建筑材料的单位物流费，元/t	

变量名称	变量说明	备注
p_2	建筑固体废弃物的单位物流费，元/t	
p_3	再生资源的单位物流费，元/t	
Q_{lt}^b	第 t 周期建筑材料供应企业 l 的最大生产量，t	
Q_{jt}^e	第 t 周期建设项目建筑材料的最大需求量，t	
S_{jt}^e	第 t 周期建设项目建筑固体废弃物总发生量，t	
Q_{kt}^p	第 t 周期回收处理企业 k 的最大处理量，t	

注：以上变量如无特殊说明，均为现实物流系统与循环物流系统共用的变量。

表9-2 模型决策变量

变量名称	变量说明	备注
x_{lt}^b	第 t 周期建筑材料供应企业 l 向系统外采购自然资源或产品资源的质量，t	
x_{ljt}^{be}	第 t 周期建筑材料供应企业 l 流向建设项目 j 的建筑材料的质量，t	
u_{jt}^{e1}	第 t 周期建设项目 j 向销售的再生资源数量，t	现实物流系统模型
u_{jkt}^{ep}	第 t 周期建设项目 j 流向回收处理企业 k 的建筑固体废物的质量，t	
u_{kt}^p	第 t 周期回收处理企业 k 向系统外排放的最终建筑固体废物的质量，t	
u_{kt}^{p2}	第 t 周期回收处理企业 k 向系统外销售的再生资源质量，t	
$x_{jj't}^{ee}$	第 t 周期建设项目 j 与项目 j' 之间循环利用的再生资源的质量，t	循环物流系统模型
x_{jlt}^{eb}	第 t 周期建设项目 j 流向建筑材料供应企业 l 的再生资源的质量，t	循环物流系统模型
x_{klt}^{pb}	第 t 周期回收处理企业 k 流向建筑材料供应企业 l 的再生资源的质量，t	循环物流系统模型
x_{kjt}^{pe}	第 t 周期回收处理企业 k 流向建设项目 j 的再生资源的质量，t	循环物流系统模型

注：以上变量如无特殊说明，均为现实物流系统模型与循环物流系统模型共用的变量。

3. 评价指标

根据物质流分析方法与建模思路，模型应用的主要评价指标见表9-3所示。

表9-3 建筑循环物流系统效益分析指标体系

指标名称	指标说明	备注
资源循环利用量（R_1）	建筑固体废物转化的再生资源质量总和，t	表示系统环境效益，指标越大，效益越好
资源循环利用率（R_2）	资源循环利用量占建筑固体废物发生总量比值，%	表示系统环境效益，指标越大，效益越好
参与主体收益（F）	各参与主体通过物流系统获得的收入与支出之差，元	表示系统经济效益，指标越大，效益越好
物流车辆装载率（R_3）	物流企业车辆的装载效率，t/辆	表示系统社会效益，指标越大，效益越好

9.2 案例建筑循环物流系统的构建

通过现场调研与资料收集，制订适合北京市实际发展状况的建筑循环物流系统方案，为有关部门制定资源循环政策，解决北京市等特大城市的资源与环境问题提供定量化决策支持。

北京是我国的首都，是正处于蓬勃发展中的特大型国际都市。近年来，随着我国国民经济持续、快速发展，以北京市为代表的特大城市均面临严峻的资源与环境问题，建筑固体废弃物的资源循环与综合利用，更是其中尤为迫切需要解决的问题。为此，以北京市为背景进行建筑循环物流系统构建实证研究，既是北京市建设社会主义和谐社会和环境保护的现实需要，也可为其他特大型城市构建建筑循环物流系统提供示范与借鉴。

9.2.1 案例建筑规模与发展趋势

随着建设国际化大都市的步伐不断加快，北京市建筑业生产规模持续扩大，企业总产值不断增加。北京市建筑业的蓬勃发展，既消耗了大量资源，也产生了大量建筑固体废物。建设循环型建筑业，已经成为当前北京市政府主管部门的重要工作。因此，以北京市为背景，探讨支撑建筑业资源循环的物流系统构建问题，具有重大的现实意义。

以下是北京市建筑材料物流的构成。

1. 物流主体

北京市建筑材料物流的主体，包括建筑材料供应企业、建筑施工企业与建筑材料物流企业等。

1）建筑材料供应企业

北京市的建筑材料供应企业类型及数量见表9-4，其中多为建筑材料批发零售企业，建筑材料制造企业多为外地企业。

表9-4 北京市主要建筑材料供应企业主营商品类型与企业数量

主营商品类型	企业数量/个
钢材	710
防水材料	308
混凝土外加剂	268
建筑门窗（门窗型材及配件）	564
建筑砌砖	37
建筑石材	174
建筑陶瓷墙地砖	127
进京砂石销售	196

主营商品类型	企业数量/个
墙板及保温材料	610
散热器	233
烧结砖	72
水泥产品	200
塑料管材、管件	335
涂料	392
卫生陶瓷	55
用水器具	211

（1）钢材供应企业：北京市建设项目所需钢材产于全国的钢铁制造企业，如首钢（北京）、宣钢（宣化）、唐钢（唐山）、鞍钢（鞍山）等，由北京市的钢材销售企业负责供应，这些销售企业大体分布在百子湾，清河、西三旗以及石景山等地区，已发展成为规模较大的钢材批发市场。

（2）木材供应企业：北京市建设项目所需木材亦产自外地，经由主要分布在管庄、大红门、大兴、丰台等地区的建筑材料批发市场进行销售。

（3）装饰材料供应企业：北京市建设项目所需装饰材料主要由外地和北京的建筑装饰材料公司进行制造与销售。

（4）辅助材料供应企业：北京市建设项目所需辅助材料主要由建筑材料批发市场进行供应。

2）建筑施工企业

北京市建筑施工企业数量及从业人员见表9-5。

北京市建筑施工企业主要包括房屋和土木工程建筑企业、建筑安装企业、建筑装饰企业及其他建筑企业等，其基本情况见表9-6。

表9-5 北京市建筑施工企业数量及从业人员

年份	建筑施工企业数量/个	建筑施工企业从业人员/万人
2000	1 697	56.6
2001	1 811	57.8
2002	2 122	57.0
2003	2 419	59.1
2004	2 418	53.6
2005	2 752	67.2
2006	2 800	66.9
2007	2 845	51.7

数据来源：北京市统计局

表 9-6 北京市建筑施工企业类型及基本情况

类型	企业数量/个	企业总产值/亿元	单位产值/〔(亿元/个)〕
房屋和土木工程建筑企业	897	2 025	2.26
建筑安装企业	651	280	0.43
建筑装饰企业	1 079	230	0.21
其他建筑企业	218	42	0.19

数据来源：北京市统计局

从表 9-6 可以看出，房屋和土木工程建筑企业单位产值最高，可见企业规模最大，其他类型的建筑施工企业规模则相对较小。为此，从主体角度来看，在构建建筑循环物流企业时，应将房屋和土木工程建筑企业作为重点关注对象。

3）建筑材料物流企业

目前，北京市建筑材料物流企业主要有以下形式：连锁超市型、市场联盟型、品牌专卖型、综合批发市场型等。其中，专业经营钢材、木材等主要建筑材料的物流企业多数既拥有储存设施，也拥有运输车辆；而承担多品种、小批量建筑材料市内配送的建筑材料物流企业多只拥有运输车辆，为运输型物流企业。

2. 物流客体

北京市建筑材料物流客体，即建设项目施工所需的各种建筑材料。由于建筑材料种类众多，本案例仅对建设项目施工阶段所需的主要材料进行分析。

1）钢材

钢材作为建筑结构材料，在建筑物中主要起承受拉力的作用，是结构施工中必不可少的材料。钢材的使用量一般按照建设项目施工图纸要求，根据材料消耗定额等指标进行计算，根据建筑结构不同，目前单位建筑面积的钢材使用量为 70～100 kg。据调查发现，北京市的钢材需求数量一般每年四五月份较多。

2）混凝土

混凝土作为建筑结构材料，在建筑物中主要起承受压力的作用，是结构施工中必不可少的材料。混凝土的使用量一般按照建设项目施工图纸要求，根据材料消耗定额等指标进行计算，目前单位建筑面积的混凝土平均使用量为 0.5 m³。

3）木材

木材是结构施工中构成模板等的主要材料，是建筑施工中不可缺少的材料。木材的使用量一般按照建设项目施工图纸要求，根据材料消耗定额等指标进行计算，根据建筑结构不同，目前单位建筑面积的木材使用量为 3～4 m³。

4）装饰材料

装饰材料起到美化建筑物内外观的作用，是建设项目装饰施工中的主要材料，装饰材料的使用量一般按照建设项目施工图纸要求，根据材料消耗定额等指标进行计算。

5）辅助材料

辅助材料是建设项目施工过程中的低值易耗品，其使用量一般按照建设项目施工需要进行确定。

综上所述，北京市建筑材料物流的过程包括钢材物流、混凝土物流、木材物流和装饰材料与辅助材料物流。

9.2.2　案例城市建筑循环物流系统的构建

将建筑材料物流与建筑固体废物物流进行有机整合，是建筑循环物流系统的构建思路；而以建筑循环物流企业为主导，是理想的建筑循环物流系统的构建类型。北京市的建筑循环物流系统构建，也应以建筑循环物流企业为主导。针对不同的资源循环方式，建筑循环物流系统在物流过程中各有特点。如以占建筑固体废物发生量比重最大的工程土方的资源循环为例，循环物流系统物流过程如图 9-3 所示。

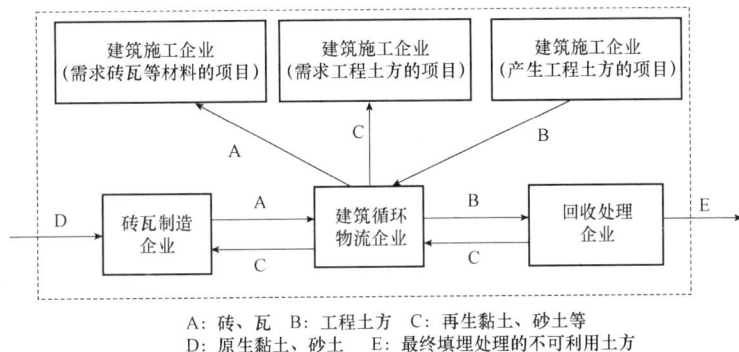

A：砖、瓦　B：工程土方　C：再生黏土、砂土等
D：原生黏土、砂土　　E：最终填埋处理的不可利用土方

图 9-3　北京市建筑循环物流系统物流过程示意图（以工程土方为例）

为验证北京市建筑循环物流构建方案，以工程土方为例，构建北京市建筑循环物流系统，对经济效益、环境效益与社会效益进行测算，并与现实系统进行比较。

1. 分析模型

1）模型思路与假设

根据北京市建筑固体废物物流特性分析结果，工程土方是占北京市建筑固体废物比重最大的组分，而且其中大量可再生资源尚未得到循环利用，每年为消纳工程土方需要占用大量土地资源。因此，以工程土方为例构建建筑循环物流系统模型，促进其实现资源循环最大化，对北京市解决建筑固体废物的资源循环与综合利用问题，缓解土地资源占用具有重大意义。

2）模型参数及变量设定

模型参数变量见表 9-7，模型决策变量见表 9-8。

表 9-7 模型参数变量（以工程土方为例）

变量符号	变量说明	备注
B	下标，代表建筑用砖生产企业	
E	下标，代表建筑施工企业的建设项目部	
P	下标，代表回收处理企业	
W	下标，代表建筑材料物流企业	现实物流系统模型
V	下标，代表建筑固体废弃物流企业	现实物流系统模型
U	下标，代表建筑循环物流企业	循环物流系统模型
$l = 1, 2, L$	建筑用砖生产企业下标序号	
$j = 1, 2, L$	建筑施工企业建设项目部下标序号	
$k = 1, 2, L$	回收处理企业下标序号	
$m = 1, 2, L$	建筑材料物流企业下标序号	现实物流系统模型
$n = 1, 2, L$	建筑固体废弃物流企业下标序号	现实物流系统模型
$u = 1, 2, L$	循环物流企业下标序号	循环物流系统模型
$t = 1, 2, L$	系统时间周期序号	
g_{jt}	第 t 周期建设项目 j 的施工规模，m^2	
α	第 t 周期建筑用砖生产企业的生产效率，%	
β	第 t 周期建筑用砖的单位需求系数，t/m^2	
γ	第 t 周期工程土方的单位发生系数，t/m^2	
q_m	物流车辆载重量，$t/$辆	
M^w	建筑材料物流企业车辆数，辆	现实物流系统模型
M^V	建筑固体废弃物流企业车辆数，辆	现实物流系统模型
M^U	建筑循环物流企业车辆数，辆	循环物流系统模型
c_{lt}^b	第 t 周期建筑用砖生产企业 l 采购生产原料土的单价，元$/t$	
c_{ljt}^{be}	第 t 周期建筑用砖生产企业 l 向建设项目 j 销售的建筑用砖单价，元$/t$	
c_{jkt}^{ep}	第 t 周期建设项目 j 向回收处理企业 k 支付的工程土方的处理费单价，元$/t$	
c_{jt}^e	第 t 周期建设项目 j 销售再生土的单价，元$/t$	
c_{kt}^p	第 t 周期回收处理企业 k 销售再生土的单价，元$/t$	
p_1	建筑用砖的单位物流费，元$/t$	
p_2	工程土方的单位物流费，元$/t$	
p_3	再生土的单位物流费，元$/t$	
Q_{lt}^b	第 t 周期建筑用砖生产企业 l 的最大生产能力，t	

续表

变量符号	变量说明	备注
Q_{jt}^{e}	第 t 周期建设项目砖的最大需求量，t	
S_{jt}^{e}	第 t 周期建设项目工程土方总发生量，t	
Q_{kt}^{p}	第 t 周期回收处理企业 k 的最大处理能力，t	

表 9-8 模型决策变量（以工程土方为例）

变量符号	变量说明	备注
x_{lt}^{b}	第 t 周期建筑用砖生产企业 l 向系统外采购生产原料土的数量，t	
x_{ljt}^{be}	第 t 周期建筑用砖生产企业 l 流向建设项目 j 的砖的数量，t	
u_{jkt}^{ep}	第 t 周期建设项目 j 流向回收处理企业 k 的工程土方的数量，t	
u_{kt}^{p}	第 t 周期回收处理企业 k 向系统外排放的最终处理工程土方的数量，t	
x_{jlt}^{eb}	第 t 周期建设项目 j 流向建筑用砖生产企业 l 的再生土的数量，t	循环物流系统模型
x_{klt}^{pb}	第 t 周期回收处理企业 k 流向建筑用砖生产企业 l 的再生土的数量，t	循环物流系统模型

2. 现实物流系统模型

1）分析指标

现实物流系统模型需要分析的指标为资源循环利用量（R_1）与资源循环利用率（R_2）。本模型中的工程土方在现实物流系统中没有进行循环利用，故资源循环利用量与资源循环利用率均为 0。

物流设施使用效率：

$$R_3 = (\sum_l \sum_j x_{ljt}^{be} + \sum_j \sum_k u_{jkt}^{ep}) / (M^w + M^v) \tag{9-1}$$

建筑用砖生产企业收益（元）：

$$\max F_B = \sum_l \sum_j c_{ljt}^{be} x_{ljt}^{be} - \sum_l c_{lt}^{b} x_{lt}^{b} - \sum_l \sum_j p_1 x_{ljt}^{be} \tag{9-2}$$

建筑施工企业收益（元）：

$$\max F_E = -\sum_l \sum_j c_{ljt}^{be} x_{ljt}^{be} - \sum_j \sum_k c_{jkt}^{ep} u_{jkt}^{ep} - \sum_j \sum_k p_2 u_{jkt}^{ep} \tag{9-3}$$

回收处理企业收益（元）：

$$\max F_P = \sum_j \sum_k c_{jkt}^{ep} u_{jkt}^{ep} \tag{9-4}$$

建筑用砖物流企业收益（元）：

$$\max F_m = \sum_l \sum_j p_1 x_{ljt}^{be} \tag{9-5}$$

工程土方物流企业收益（元）：

$$\max F_n = \sum_j \sum_k p_2 u_{jkt}^{ep} \tag{9-6}$$

2）约束条件

外部资源流量平衡：

$$\alpha x_{lt}^b = \sum_j x_{ljt}^{be} \tag{9-7}$$

建筑材料流量平衡：

$$\beta g_{jt} = Q_{jt}^e = \sum_l x_{ljt}^{be} \tag{9-8}$$

工程土方流量平衡：

$$\gamma g_{jt} = S_{jt}^e = \sum_k u_{jkt}^{ep} \tag{9-9}$$

最终处置工程土方流量平衡：

$$u_{kt}^p = \sum_j u_{jkt}^{ep} \tag{9-10}$$

建筑用砖需求数量小于建筑用砖生产企业最大生产量：

$$x_{ljt}^{be} \leqslant Q_{lt}^b \tag{9-11}$$

建筑用砖需求数量小于最大需求量：

$$x_{ljt}^{be} \leqslant Q_{jt}^c \tag{9-12}$$

3. 循环物流系统模型

1）分析指标

循环物流系统的各分析指标如下。

资源循环利用量最大：

$$\max R_1 = \sum_j \sum_l x_{jlt}^{eb} + \sum_k \sum_l x_{klt}^{pb} \tag{9-13}$$

资源循环利用率最大：

$$R_2 = R_1 \Big/ \sum_j S_{it}^e \tag{9-14}$$

物流设施使用效率：

$$\max R_3 = \left(\sum_l \sum_j x_{ljt}^{be} + \sum_l \sum_j x_{jlt}^{eb} + \sum_j \sum_k u_{jkt}^{ep} + \sum_l \sum_k x_{klt}^{pb} \right) \Big/ M_{\text{U}} \tag{9-15}$$

建筑用砖生产企业收益（元）：

$$\max F_B = \sum_l \sum_j c_{ljt}^{be} x_{ljt}^{be} - \sum_l \sum_j c_{jt}^e x_{jlt}^{eb} - \sum_l \sum_k c_{kt}^p x_{jkt}^{pb} - \sum_l c_{lt}^b x_{lt}^b - \sum_l \sum_j p_1 x_{ljt}^{be}$$

$$\tag{9-16}$$

建筑施工企业收益（元）：

$$\max F_E = \sum_j \sum_l c_{jt}^e x_{jlt}^{pb} + \sum_l \sum_j c_{jt}^e x_{jlt}^{eb} - \sum_l \sum_j c_{ljt}^{be} x_{ljt}^{be} - \sum_j \sum_k c_{jkt}^{ep} u_{jkt}^p - \sum_j p_2 S_{jt}^e$$

$$（9-17）$$

回收处理企业收益（元）：

$$\max F_P = \sum_l \sum_k c_{kt}^p x_{klt}^{pb} + \sum_j \sum_k c_{jkt}^{ep} u_{jkt}^p - \sum_j \sum_k c_{jt}^e u_{jkt}^{ep} - \sum_l \sum_k p_3 x_{klt}^{pb} \qquad （9-18）$$

循环物流企业收益（元）：

$$\max F_U = \sum_l \sum_j p_1 x_{ljt}^{be} + \sum_j \sum_k p_3 u_{jkt}^{ep} + \sum_l \sum_k p_3 x_{klt}^{pb} + \sum_l \sum_j p_2 x_{jlt}^{eb} \qquad （9-19）$$

2）约束条件

外部资源流入量平衡：

$$\alpha\left(x_{lt}^b + \sum_k x_{klt}^{pb} + \sum_j x_{jlt}^{eb}\right) = \sum_j x_{ljt}^{be} \qquad （9-20）$$

建筑用砖流量平衡：

$$\beta g_{jt} = Q_{jt}^e = \sum_l x_{ljt}^{be} \qquad （9-21）$$

工程土方流量平衡：

$$\gamma g_{jt} = S_{jt}^e = \sum_l x_{jlt}^{eb} + \sum_k u_{jkt}^{ep} \qquad （9-22）$$

最终处置工程土方流量平衡：

$$u_{kt}^p = \sum_j u_{jkt}^{ep} - \sum_l x_{klt}^{pb} \qquad （9-23）$$

建筑材料需求数量小于建筑用砖生产企业最大生产量：

$$\sum_j x_{ljt}^{be} \leqslant Q_{lt}^b \qquad （9-24）$$

建筑材料需求数量小于最大需求量：

$$\sum_l x_{ljt}^{be} \leqslant Q_{jt}^e \qquad （9-25）$$

再生资源生产数量小于最大处理量：

$$\sum_l x_{klt}^{pb} \leqslant Q_{kt}^p \qquad （9-26）$$

根据调研结果，可以直接用于制砖的土方不超过工程土方总量的20%：

$$\sum_l x_{jlt}^{eb} \leqslant 0.2 \times S_{jt}^e \qquad （9-27）$$

根据调研结果，最终处置的土方不少于工程土方总量的20%：

$$\sum_k u_{kt}^p \geqslant 0.2 \times S_{jt}^e \qquad （9-28）$$

9.3 案例分析过程

9.3.1 主体选择

根据北京市建筑材料物流与建筑固体废弃物物流实际情况，对于现实物流系统，选择北京市实际存在的 17 个建设项目、2 个建筑用砖生产企业、1 个建筑物流企业、3 个建筑固体废物物流企业和 1 个建筑固体废弃物处理企业参与建筑循环物流系统。

对于循环物流系统，将与现实物流系统相同的 17 个建设项目、2 个建筑用砖生产企业和 1 个建筑固体废弃物处理企业纳入建筑循环物流系统，将现实系统的 1 个建筑物流企业和 3 个建筑固体废弃物物流企业进行整合，作为新的建筑循环物流企业。

9.3.2 参数值确定

根据现场调研结果，对模型的参数值进行确定（具体步骤略）。

9.3.3 计算过程

应用 Lingo 软件编制计算程序，以一周为计算周期，进行三个周期模型的计算，计算结果见表 9-9。

表 9-9 模型计算结果

决策变量/万 t	现实物流系统			建筑循环物流系统		
	第一周期	第二周期	第三周期	第一周期	第二周期	第三周期
$\sum_{l} x_{lt}^{b}$	0.97	0.97	0.97	0.00	0.00	0.00
$\sum_{l}\sum_{j} x_{ljt}^{be}$	0.93	0.93	0.93	0.93	0.93	0.93
$\sum_{j}\sum_{k} u_{jkt}^{ep}$	3.82	3.82	3.12	3.06	3.06	2.50
$\sum_{k} u_{kt}^{p}$	3.82	3.82	3.12	2.85	2.85	1.15
$\sum_{l}\sum_{j} x_{jlt}^{eb}$	0.00	0.00	0.00	0.76	0.76	0.62
$\sum_{k}\sum_{l} x_{klt}^{pb}$	0.00	0.00	0.00	0.21	0.21	0.35

9.3.4 分析结果

1. 环境效益分析

根据模型计算结果，现实物流系统与建筑循环物流系统的商流分析结果如图9-4、图9-5所示。根据图9-4、图9-5，可以进行环境效益指标分析，结果见表9-10。

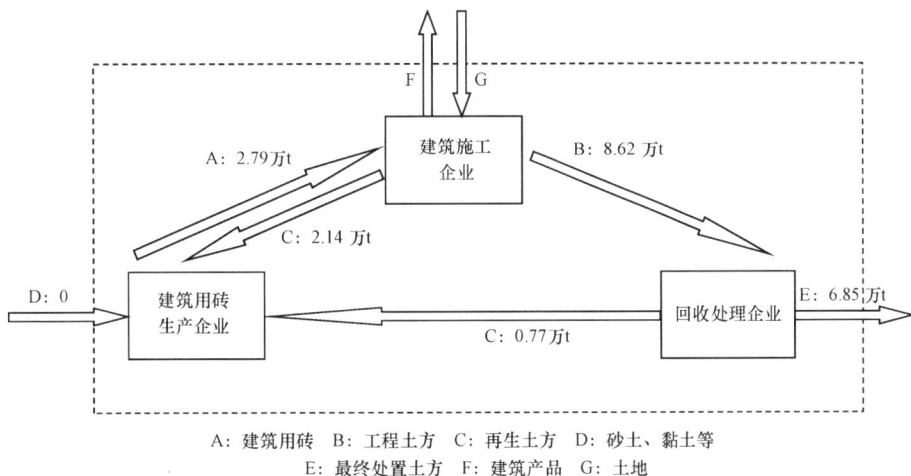

A：建筑用砖 B：工程土方 C：再生土方 D：砂土、黏土等
E：最终处置土方 F：建筑产品 G：土地

图9-4 现实物流系统商流分析结果

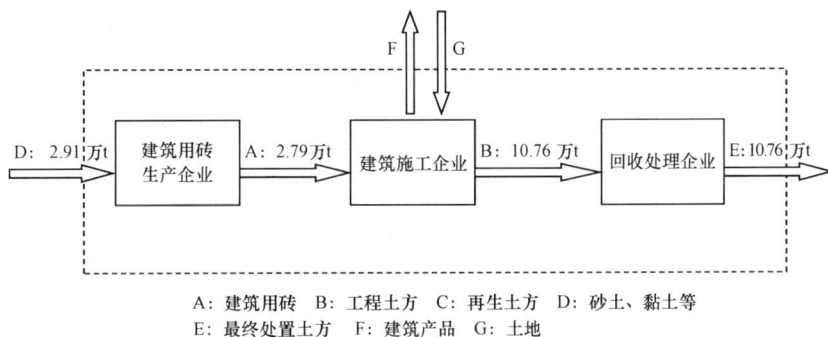

A：建筑用砖 B：工程土方 C：再生土方 D：砂土、黏土等
E：最终处置土方 F：建筑产品 G：土地

图9-5 循环物流系统商流分析结果

表9-10 环境效益指标分析结果

分析指标	资源循环利用量/万t	资源循环利用率/%
现实物流系统	0	0
循环物流系统	2.91	27.04

从表9-10中可以看出，建筑循环物流系统通过工程土方作为建筑用砖的生产原料，可以将资源循环利用率提高25%以上，并相应减少了原生黏土的使用量，实现了建筑循环

物流系统的环境效益目标。

建筑循环物流系统处置的土方中，仍然含有一定量的可再生资源，这是由于参与建筑循环物流系统的建筑用砖生产企业需求已经饱和，导致再生资源的供需不够平衡，如能继续适当引入建筑用砖生产企业参与建筑循环物流系统，资源循环利用率还可以继续提高。

2. 经济效益分析

根据模型计算结果，现实物流系统与建筑循环物流系统的资金流分析结果如图9-6、图9-7所示。

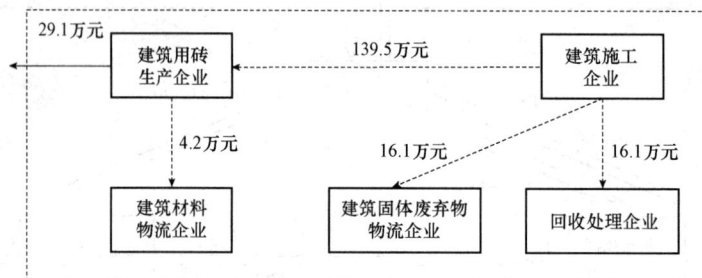

图9-6 现实物流系统资金流分析结果

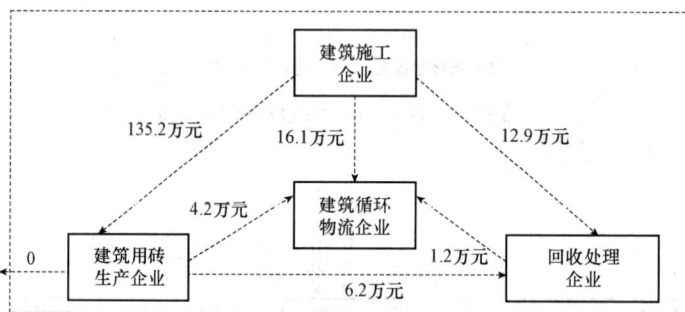

图9-7 循环物流系统资金流分析结果

根据图9-6、图9-7，可以进行经济效益指标分析，结果见表9-11。

表9-11 经济效益指标分析结果

主体收益	建筑用砖生产造企业/万元	建筑施工企业/万元	回收处理企业/万元	物流企业/万元
现实物流系统	106.2	−171.8	16.1	20.3
循环物流系统	124.8	−164.2	17.9	21.5
变动率/%	17.5	4.6	11.2	5.9

从表9-11中可以看出，同现实物流相比，建筑循环物流系统各参与主体的经济收益均有提高，实现了将工程土方转化为再生资源的经济效益增值。

由于尚有一定量的可再生资源没有得到循环利用，使得其经济增值效益没有完全体现，影响了回收处理企业等主体的效益，如能继续适当引入建筑用砖生产企业参与建筑循环物流系统，经济效益还可以继续提高。

3. 社会效益分析

根据模型计算结果，现实物流系统与建筑循环物流系统的物流设施利用率等社会效益指标分析结果，见表9-12。可以看出，建筑循环物流系统通过整合建筑材料物流与建筑固体废物物流，可以显著提高物流设施的利用率。

表 9-12 社会效益指标分析结果

	第一周期	第二周期	第三周期
现实物流系统（物流设施利用率）	0.12	0.12	0.10
循环物流系统（物流设施利用率）	0.20	0.20	0.14
变动率/%	64.00	64.00	40.00

9.4 案例结论及思考

本章应用理论研究成果，以北京市为背景，以工程土方的资源循环为例，开展建筑循环物流系统构建实证研究。实证结果表明，在北京市构建建筑循环物流系统，不但可以明显提高建筑固体废物的资源循环利用率、各类物流设施运营效率，还能充分保障和大幅提高各参与主体的经济效益，证明了构建建筑循环物流系统后，能够体现经济效益、环境效益与社会效益的统一。

面对日益严峻的资源与环境问题，为促进建设项目施工阶段资源循环最大化，应当构建科学合理的建筑循环物流系统，以解决经济发展与资源管理、环境保护的矛盾问题。同时，建筑循环物流系统是以资源节约与环境友好为总体目标的物流系统，需要由建筑材料供应企业、建筑施工企业、建筑固体废弃物回收处理企业和循环物流企业等各方支持。

根据以上案例，提出以下问题。

1. 什么是建筑循环物流？它与建筑物流有何不同？
2. 建筑循环物流的主体与客体包括哪些内容？
3. 根据案例，分析钢材、水泥的物流是怎样的？

第10章 区域绿色物流——大学校园回收情况调研

10.1 北京高校快递包装循环利用新模式

10.1.1 快递包装及回收背景

包装是在物流过程中为了保护商品、方便储运、促进销售,按一定技术方法采用容器、材料及辅助物等将商品包封并予以适当的包装标志的工作总称。快递包装,是快递业配送过程中使用的一系列包装材料,包括包装盒、防水袋、填充物、文件袋、编织袋等,属于物流包装的范畴。

据国家邮政局数据显示,近年来我国快递业持续高速发展,已连续6年保持50%左右的增速。2017年快递业务量突破400亿件大关,与上年相比实现了100亿件的增长,继续稳居世界第一。然而伴随着快递业务的快速增长,快递包装物浪费现象越发严重。因此尽快寻找到一种高效且快速的回收快递包装物的新型途径变得越发必要,现对快递包装物回收现状的分析如下。

1. 数量大但回收利用率低

国家邮政局发布的《2017中国快递领域绿色包装发展现状及趋势报告》显示,2016年全国快递业务量达312.8亿件,共消耗约32亿个编织袋、68亿个塑料袋、37亿个包装箱以及3.3亿卷胶带,光是消耗的快递包装盒所需的瓦楞纸箱原纸就多达4 600万t,相当于消耗了7 200万棵树。据了解,目前中国快递业中,纸和塑料的实际回收率不到10%,快递包装物总体回收率不到20%,以聚乙烯、聚氯乙烯为主要成分的塑料和胶带等最难降解,这些包装材料在自然界中,需要几十年甚至上百年时间才能降解。我国快递包装物遭遇到了数量大但回收利用率低的难题。

2. 回收渠道缺乏整合且低效

由于多数快递袋上都粘有胶带,处理起来费时费力,保洁人员往往会直接把这些垃圾和其他生活垃圾一并打包,直接送到垃圾站进行统一处理,这无疑给生态环境带来无法逆转的破坏。

3. 旧的回收渠道条件下回收成本大

对废品处理站而言，纸箱的价钱一般都是两三毛钱一斤。但是废品处理站对快递包装纸盒并不喜欢，主要是因为快递包装纸盒种类繁多，而且纸箱上面都是胶，既不好拆又费时间，而且回收之后如果要送到回收厂将纸盒打成纸浆再次利用的话，还需要加上运输费用以及机器的运行费用，有时得不偿失。因此如果继续依靠旧的回收途径，快递包装物回收问题难以得到根本的解决。

4. 绿色包装推广难度大

快递包装绿色化是一个系统工程，虽然在快递及上下游企业的努力下取得了部分进展，但仍面临推进瓶颈。以牛皮纸胶带和可降解塑料包装袋为例，宽 4.8 cm 的牛皮纸胶带每百米比同规格的塑料胶带贵 6.18 元，规格 42 mm×50 mm 的可降解塑料包装袋比普通包装袋贵 0.16 元，成本压力很大。任何一家快递企业都不敢轻易尝试，推广难度可想而知。

5. 网络购物市场的发展导致快递包装物的使用量增加

网络购物的不断发展导致快递包装物的使用量不断地增加，其带来的环境污染、资源浪费等问题已成为阻碍我国快递业乃至国民经济健康发展的难题。并且如何摆脱"政府扶持"，不依靠逆时代、逆商业化的方式来进行所谓"政府回收"解决快递包装物回收问题是摆在每一个人面前的难题。为此，本案例利用创新项目平台，提出一种高效且成本较低的快递包装物回收利用新型模式。

10.1.2　案例项目介绍

1. 项目简介

本项目是一个公益性创新项目，致力于将快递包装物以一种高效且成本较低的方式回收给快递末端配送站，同时借助微信平台进行快递包装物回收的宣传，具体实现途径如下：首先在高校的快递末端配送站附近布置数量充足（一般为 3～5 个）的快递包装物回收箱，并提供快递拆解工具、个人信息销毁工具（黑色马克笔等），以便于学生现场拆开包装将快递包装物投入回收箱。学生可以通过微信平台查询包裹的运输状态，项目通过微信平台进行快递包装物回收必要性的宣传，同时学生可以通过微信平台来兑换积分，积分可以兑换成相应的奖励。

2. 项目宗旨

项目秉持"独立自主，上下结合"的理念，一方面，强调独立自主，通过贩卖快递包装物给快递末端配送站以获取主营业务收入，并且积极开展线上业务——微信平台的建立帮助项目获取宣传的新途径，并在关注量达到一定数量时可以投放适当的软文广告以获得营业外收入。以上做法保证了项目不需要靠逆时代、逆商业化的方式进行所谓"政府资助"来获得运营的可能。另一方面，上下结合，"上"是指微信平台，"下"是指快递包装物回收箱与快递末端配送站。通过微信平台对学生参与回收的行为进行宣传，促进更多的学生参与到回收中来。同时借助快递包装物回收箱与快递末端配送站等可以与同学实际接触的场所对微信平台进行宣传，扩大项目的影响力。

3. 项目管理

项目建立初期，以团队成员为管理团队，目前，我们团队成员增加至 6 名，所学专业分别为来自计算机学院软件开发、交通运输管理、经济管理，分别负责项目的服务号运营及软件开发、快递包装物回收箱外形设计、经营推广三方面的工作，为项目提供了专业技术保障。同时，充分利用各大高校的教育资源，召集在校大学生加入我们的志愿者队伍，通过"广泛教育、重点培养"的方式培养和选拔团队核心管理人员，壮大我们的公益队伍。到团队发展到一定程度，我们将引进专业管理人员，完善项目组织架构与绩效考核，为进一步发展壮大奠定基础。

4. 项目战略

项目的战略是线上线下结合，通过将快递包装物回收箱、快递末端配送站和微信平台的有机结合，达到高效且低成本回收快递包装物的目的。各阶段发展战略如下：

1）短期战略

以北京交通大学及周围五所大学为示范区域，与快递末端配送站达成合作协议，同时布置快递包装物回收箱。并借助快递包装物回收箱与快递末端配送站对微信平台进行广泛宣传，吸引学生关注服务号。

2）中期战略

如果初期战略得到顺利有效的实施，接下来的目标就是进一步扩大快递包装物回收箱的覆盖范围，力争做到覆盖北京近百所高校，并与大型快递项目达成合作协议。微信平台在获得充足的关注量后可以开始进行软文广告推广，增加收入，并进一步开发小程序等新型工具。

3）长期战略

在项目拥有一定的知名度和平台资源后，利用互联网和创新思维整合线上线下资源，不断开发新的业务模式，迎合时代的步伐。

10.1.3 案例项目的产品与服务

项目活动主要分为线上与线下，线上主要依托于微信平台对项目进行宣传，并且通过定期推送的形式向学生介绍快递包装物在生活中的另类用途，方便学生在日常生活中充分利用快递包装物；线下主要借助快递末端配送站工作人员对快递包装物回收箱进行定时清理并将快递包装物回收至快递末端配送站进行循环利用。图 10-1 为项目成员在调研。

1. 线下

通过对学生的调查以及听取快递末端配送站工作人员的意见，首先设计了快递包装物回收箱的三维立体图，然后联系生产厂商进行生产，实物图如图 10-2 所示。在与学校进行沟通后，项目成员选取适宜场地将快递包装物回收箱进行投放。

图 10-1　项目成员在调研

图 10-2　快递包装物回收箱实物图

通过与快递末端配送点达成合作协议,其工作人员定期对快递包装物回收箱进行清理,并将快递包装物转移到附近的快递末端配送站。

项目成员定期与快递末端配送站工作人员结算快递包装物的费用收入,定价见表 10-1。

表 10-1　快递包装物定价表

名　　　称	单价
小型快递包装物	0.1 元/个
中型快递包装物	0.3 元/个
大型快递包装物	0.7 元/个

2．线上

1）主界面

公众号的名称为快递包装物回收助手,意在帮助学生更好地理解快递包装物的回收必要性以及回收的途径等,其主界面如图 10-3 所示。公众号还关联了"狼人杀小法官"相关小程序,意在帮助同学丰富日常生活并增加服务号的使用频率。

图 10-3　公众号主界面

2）菜单界面

图 10-4 为公众号菜单界面。菜单界面主要分为四个功能，一是日常的推送界面；二是项目简介，意在向学生介绍整个项目的背景及意义；三是快递查询界面，方便学生查询其快递的位置；四是快递改装，意在介绍快递包装物在日常生活中的其他用途。

3）项目简介界面

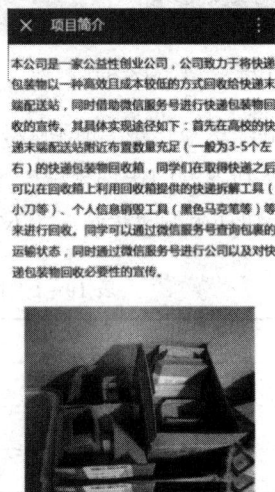

图 10-5 是项目简介界面，学生可在该界面查询到项目的宗旨以及最新的活动，通过项目简介界面可以加深学生对项目的了解。

图 10-4　公众号菜单界面　　　图 10-5　项目简介界面

4）快递查询界面

图 10-6 是快递查询界面。学生跳转该界面后可以根据快递单号来查询快递包裹的运输状态，此界面意在方便学生实时掌握包裹的动态。

图 10-6　快递查询界面

5）快递改装界面

图 10-7 是快递改装界面，学生可在该界面查询到各种各样新颖的快递包装物改装的方法，此界面意在向学生介绍快递包装物的别样用途。

图 10-7　快递改装界面

3. 盈利模式

1）快递包装物贩卖收入

将学生放置在快递包装物回收箱内的快递包装物进行收集并贩卖给快递末端配送站，这是项目的主营业务收入。

2）广告费

在微信平台定期推送中进行软文广告推广，通过此方式来获得赞助商的广告费，这也是项目的主要营业外收入。

3）其他收入

其他收入包括：第一，项目开发新的业务，如可将改装后的新型快递包装物产品贩卖来获取收入；第二，经营过程中的其他收入。

10.1.4　案例项目的市场现状分析与竞争者分析

1. 市场现状分析

1）市场广阔

经过市场调研发现仅北京交通大学每日平均快递量就高达 7 000 余件，而且如前文所述，我国 2017 年的快递业务量超过了 400 亿件，光是一年消耗的快递包装盒所需的瓦楞纸箱原纸就超过了 4 600 万 t。然而我国快递包装物总体回收率只有 20%，由此可见其市场容量是巨大的。另外，在走访北京各高校后，项目成员发现各高校中都普遍存在快递包装物随意丢弃，缺乏有效回收途径的现象。项目成员在与学生们的交流后发现如果可以提供一种行之有效的回收渠道，他们十分愿意参与到快递包装物的回收中来。从中可见快递包装物的有效回收存在广泛的市场前景。

2）市场定位

项目定位为公益项目，紧紧地跟随着时代发展的脚步，坚持绿色环保的理念，致力于将快递包装物以一种低成本高效率的方式回收给快递末端配送站，通过线上平台与线下回收点相结合的方式，打造出一整套快递包装物回收的新模式，宣传回收利用的环保理念，使更多的学生能参与到环境保护的过程中来。项目的目标客户主要是高校的大学生，通过快递包装物回收箱、快递末端配送站和微信平台的有机结合，有效地对快递包装物的回收进行广泛的宣传。

2. 竞争者分析

项目实施之初的最大竞争就是高校内已有的快递包装物回收模式，如中国农业大学近邻宝的回收模式等，这些旧有模式拥有着较多的回收箱，资金较为雄厚，但与学生的交流较少，导致参与回收人数较少，并且没有做到线上与线下结合。除了这类旧有模式，还有一些大爷大妈会时常来高校内收集快递包装物，然后批量贩卖给废品回收站，但是这种方式的回收成本大，且回收模式不成体系，效率较低，经过调研还发现由于成本高等原因废品回收站对于快递包装物的回收热情较低。

对于现存的快递包装物的回收模式，本项目有如下竞争优势。

1）与高校学生交流更频繁

项目创始人均为大学本科生，更加了解高校内学生对快递包装物回收的需求以及要求，并且通过线上微信平台，线下实地走访，有效地增强了与学生的沟通，可以及时对运营过程中出现的问题进行反馈，确保了回收模式的可行性与可靠度。

2）线上线下结合更紧密

项目成员除了在各大高校内设立快递包装物回收箱，还积极地和快递末端配送站建立起合作关系，通过线下的布局进一步扩大线上微信平台的宣传范围，增大了微信平台的影响力。

3）创新营销

本模式以传统媒体联合互联网为基础，积极采取各种新型宣传途径如微信平台、微博、论坛、贴吧等，并在合作的快递末端配送站进行海报宣传，通过各种方式来吸引学生的关注，获取学生的支持。

4）公益性项目可获得更多社会支持

项目实施之初得到学校的大力支持，并获得相关物流企业如近邻宝的支持，因此影响范围较其他回收模式更大。

10.1.5 案例项目的宣传与推广

当下正处于朝气蓬勃的互联网时代，而社交工具又紧紧地把人们连接在一起。作为网络上最活跃的组成部分，高校大学生可谓是项目最有力的宣传者。良好的宣传策略，能够扩大项目的知名度和影响力，从而促进更多的人参与到项目的日常经营中来，以获得预期收益。

1. 线上推广活动

1）微信平台推广

项目紧紧抓住"朋友圈"这一贴近学生、贴近生活的宣传平台，建立微信平台，精心制作了数条推送，借助学生的力量，将项目在全校乃至全市高校之间进行传播。由项目成员撰写并排版的推文，在学生间引发了强烈的反响和讨论，如图 10-8 所示。第一篇文章推送仅 12 小时，阅读量就达到了 1 100 余次，累计关注量达到 4 000 余人，影响力波及多个高校。后期，项目将借助校园内的院级、校级官方公众号进行更大范围的宣传。

图 10-8 文章在微信的推送结果

2）微博话题宣传

微博，作为年轻人的聚集地，代表着新潮与开放的交流传播方式。项目成员在微博上建立"快递包装物该如何回收""快递包装物你了解多少"等话题，并在其下进行高频率的发文，聆听来自全社会的意见和建议，如图 10-9 所示。

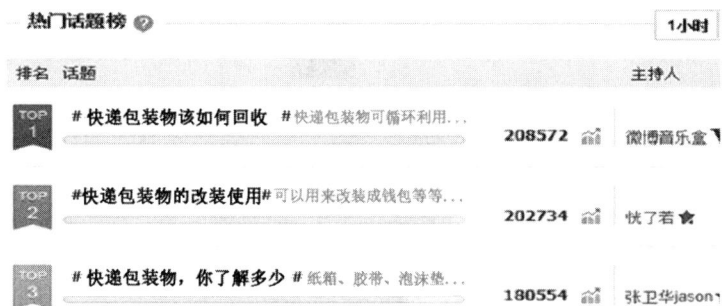

图 10-9 新浪微博热门话题讨论

3）《人民日报》（海外版）专访

本项目是基于"大学生创新创业计划"项目的一次升级和改进，因而也获得了更多的关注及曝光率。《人民日报》（海外版）在寒假期间，对项目的指导老师及主要成员进行了采访，主要谈及了项目的创新点、理论依据、社会效益等，如图10-10所示。

图10-10 《人民日报》（海外版）的报道

4）相关论坛推广

项目成员积极利用各论坛、贴吧等，邀请有共同兴趣和关注点的朋友们进行深入交流，扩大项目的影响力，如图10-11所示。

图10-11 贴吧上的宣传

2. 线下推广活动

1）校园路演

项目成员在校园踬角码头附近进行了多次宣传和调研活动，在前期调研中，我们为学生们解读项目，让他们了解我们的初衷以及快递回收物的用途，帮助他们拆解快递，并将快递包装物回收，放入项目设立的回收箱内，如图10-12所示。

图 10-12　校园路演

2）与用户面对面交流

项目成员定期在快递包装物回收箱旁随机采访正在使用的同学，询问他们的用户体验，第一时间了解他们的需求，以期接下来的改进（如图 10-13 所示）。

图 10-13　积极听取学生建议

3）快递包装物改装活动

项目成员鼓励学生从身边汲取灵感，将快递包装物改造成小物件，努力践行"绿色环保"的理念，充分利用快递包装物（如图 10-14 所示）。

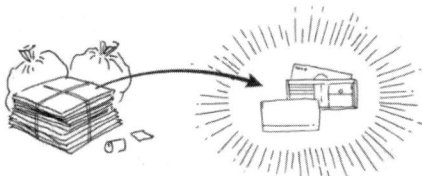

图 10-14　快递包装物改装样式

4）走出校园

项目成员积极与其他高校建立联系。我们曾前往中国农业大学、中央财经大学等进行实地调研，针对不同学校的不同情况，与各校学生进行沟通，他们纷纷对我们的想法表示认可和支持，并对项目表现出极大的兴趣。

10.1.6 案例结论和课后思考

近年来很多高校开展创新创业项目，这不仅在导师和学生的课题研究方面结出丰硕的成果，而且对于企业来说，学生的创新成果和探索精神，也给其带去了不少益处。高校拥有丰富的青年人才资源，学术思想活跃，学科门类齐全，成为知识传承、创新和应用的主要基地。大学生不但是知识传承的载体，还是崇尚和实现创新的活跃群体。

大学生科技创新能力培养对于增强民族自主创新能力有着深远的社会意义。北京交通大学已成功举办多届大学生创新性计划项目，每年都有 250～300 个项目参赛，近年来有很多校园环保方面的主题，其中，关于绿色物流方面，包括废旧电器、废旧电池、废旧书本、塑料包装、厨余垃圾的回收利用等。通过上述活动，学生不仅提高了科研水平和实践能力，还更加注重身边的环境问题，积极运用所学的管理理论和技术，来解决周边的环境问题，并能够扩大他们的影响和知名度，使创新项目的成果快速而广泛地推广和体现。

根据以上案例，分析以下问题：

（1）简述本案例项目的产品和服务。

（2）你有什么减少快递包装物污染的好办法？

10.2 大学校园过期药品的逆向物流
（以北京交通大学为例）

10.2.1 案例背景

药品有效期是指该药品被批准的使用期限，表示该药品在规定的贮存条件下能够保证质量的期限。过了有效期限的药品，称为过期药品。

随着我国社会经济的快速发展，人民健康观念不断加强，我国非处方药品管理制度的实施，消费者不需要医生处方可自行判断、购买、使用非处方药品，很多市民家中都准备有小药箱。但很多人都没有清理药品的习惯，甚至在有小病吃药的时候，也很少关注自己吃的药品是否已经过期。对于过期药品的危害，他们表示自己并没有太多关注．药监部门的一项调查表明：我国约有 78.6%的家庭存有备用药品，52.4%的家庭设有家庭小药箱。但是，高达 73.6%的家庭却忽视了药品的储存条件，更有至少八成的家庭没有定期清理过期药品的习惯．九成被调查者有将过期药品随意丢弃的经历，而这一问题在农村则更为严重；部分人表示担心过期药品重新流入市场，会将包装拆除进行丢弃，或者将药物冲入下水道；也有个别年长的人会将药物卖给"高价收药"的药贩子。

我国法律法规中并未对过期药品回收事宜进行规定，也没有过期药品回收的主体部门。

尽管《中华人民共和国固体废物污染环境防治法》《医疗废物管理条例》《医疗卫生机构医疗废物管理办法》中明确规定了医疗废物的处置方式，但过期药品并未纳入医疗废物范畴。《中华人民共和国药品管理法》将过期药品按劣药处理，但均未规定如何回收和处理。

过期药品处理不当会带来很多危害，已被明确列入《国家危险废物目录》。因此，建立一个过期药品的回收、存储、运输、处理的逆向物流系统已是非常紧迫的事情。本案例以北京交通大学为例，建立一个高效合理的过期药品逆向物流体系。

10.2.2　案例调研与分析

1. 校园内过期药品回收必要性分析

首先，北京交通大学积极适应社会技术和管理变革，牵头进行校医院过期药品物流网络平台建设，以建设信息化交大校园，践行学校社会责任意识，培养素质与专业能力双高人才，有助于向着特色鲜明世界一流大学的目标迈进，更有助于形成示范效应，对国家改革起到积极促进作用。

其次，过期药品对环境、人体存在很大危害。一方面，一些含有特殊成分如强致敏性、挥发性的药品，对环境的污染程度非常严重，特别是磺胺类、青霉素类等药品对环境的污染性尤为严重，污染程度不亚于废旧电池。另一方面，目前对过期药品的处理方式主要是在垃圾场露天焚烧，这个销毁过程也在一定程度上对环境形成危害。药品存放时间过长或存放药品的环境不符合要求，会导致药品的化学成分改变，甚至会使药品分解出一些有害物质，对人体产生损害。而且，一种药品从研发、临床试验、批准上市到规模生产的过程，需要消耗药品研制部门、生产企业大量的人力、物力和财力，而任意丢弃会导致过期药品不能实现药品的真正价值。

因此过期药品回收对于降低资源浪费、减少环境污染、降低健康隐患、提升高校形象具有战略性意义。

2. 北京交通大学过期药品回收现状调研

调研方式以问卷调研、文献调研、实地调研、现场访谈多种方式相结合，于 2017 年 4 月进行了为期一周的校园过期药品回收现状调研。

调研对象主要是北京交通大学在校生、北京交通大学校医院。

调研目的是调查北京交通大学学生对药品的储备意识、用量意识及过期药品的回收意识，为本案例的研究建立数据基础，以便于对北京交通大学过期药品的相关处理以及减少过期药品提出建设性的建议。

本次关于北京交通大学过期药品的处理调研收到 420 份有效问卷，根据调研结果显示以下信息：我校对过期药品的相关整治、普及和回收工作还有待加强，第一，大学生普遍对过期药品回收意识淡薄，这是学校在相关教育上的缺失，学校甚至是整个社会都应该更多地注重培养人们的过期药品回收意识。第二，我国流通的药品普遍包装量大，必然造成资源的浪费，根据校园学生群体集中的特点，我校的应对措施可以考虑对常用药品采用小包装的模式。第三，北京交通大学校园回收工作的建设不够到位，就目前来看，学校并没有采取任何相关回收的措施。建议学校建立回收站点，统一对过期药品进行回收处理，相关的措施也可以在全国进行普及。

对药品小包装量态度分布图如图 10-15 所示。

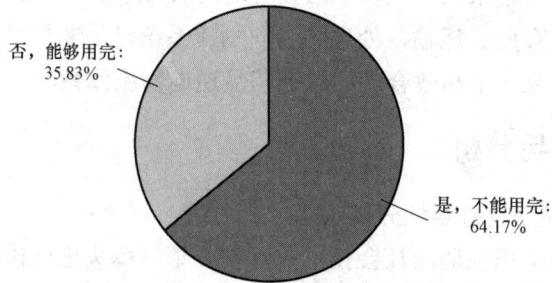

否，能够用完：
35.83%

是，不能用完：
64.17%

图 10-15　对药品小包装量态度分布图

回收率低的原因分布图如图 10-16 所示。

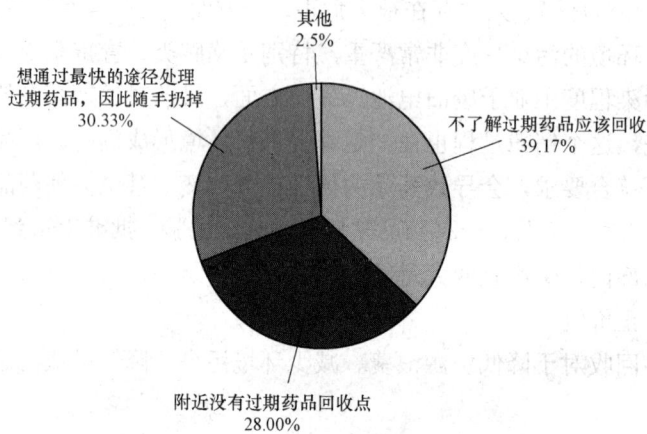

其他
2.5%

想通过最快的途径处理
过期药品，因此随手扔掉
30.33%

不了解过期药品应该回收
39.17%

附近没有过期药品回收点
28.00%

图 10-16　回收率低的原因分布图

本案例方案可接受态度分布图如图 10-17 所示。

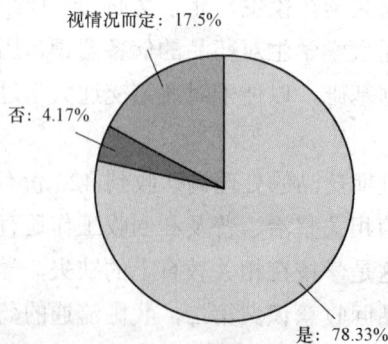

视情况而定：17.5%

否：4.17%

是：78.33%

图 10-17　本案例方案可接受态度分布图

10.2.3　案例逆向物流网络的构建

为了实现校园过期药品的有效管控，结合本校实际情况，本案例首先从组织网络的构建和过程管理两个方面来阐述。

校园过期药品逆向物流组织，运用五层次管理法培养相关主体过期药品管理观念。校园过期药品过程管控通过物流网络平台实现线上和线下相结合，五层次管理模式和拆零包装制度保驾护航，以大数据和物联网等先进技术为依托，同时以大数据分析方法从整体上监管校园药品动态，实现对已售出药品合理管控的同时，为校医院库存与医疗工作提供有效决策依据，实现从源头到回收一条链的整体化最优效果。组织网络关系图如图 10-18 所示。

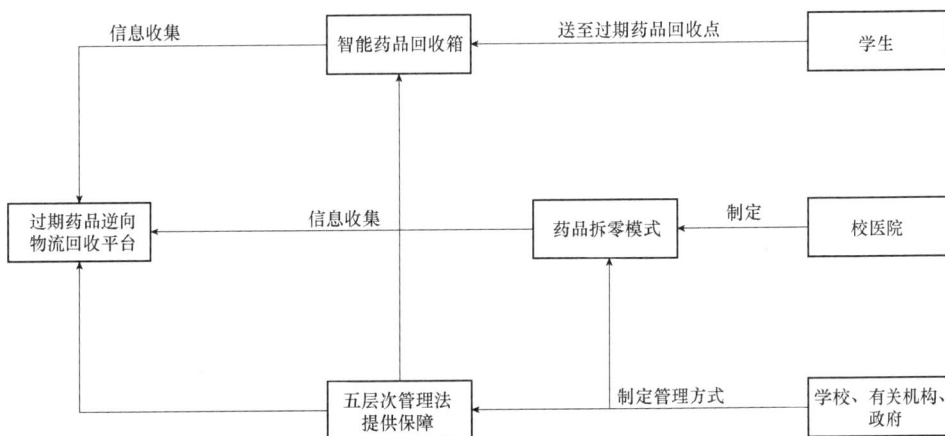

图 10-18　组织网络关系图

1. 过期药品的回收流程

组织网络建成后，在校园过期药品逆向物流综合解决方案下，药品流动形成闭环，从学校和社会流入学生手中，从学生手中通过方案中的节点返回校医院。对于方案中涉及的药品可以实现从源头不断调整控制流量决策，对于回收末端药品采取药品诊断分类处理，具体流程如图 10-19 所示。

2. 五层次管理法

逆向物流管理观念的培养是一个长期、复杂的过程，同时不同群体对这种观念的需求也有一定的差别。结合理论研究方法和学校实际情况主要可分为五个层次，分别通过行政手段、监控手段、身份特质、责任划分等来共同改善校园过期药品回收，具体见表 10-2。

表 10-2　校园过期药品逆向物流的五层次管理法

第一层次 学校	第二层次 学生	第三层次 校医院管理层	第四层次 校医院医生	第五层次 医疗工作者
控制主体、监管责任、政策制定	观念教育	执行主体、观念改革	实施主体、规范行为	操作主体、观念培养

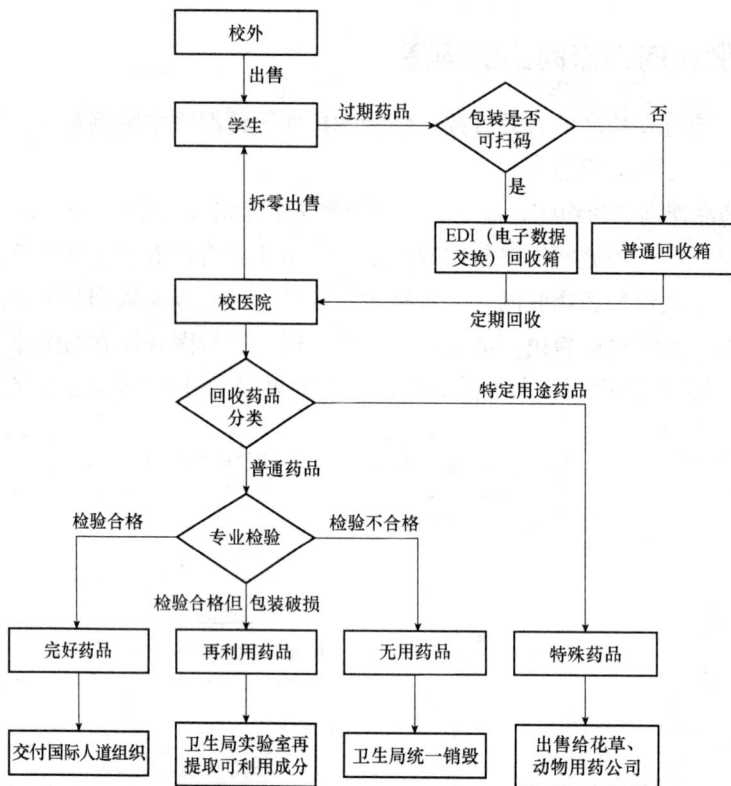

图 10-19　药品回收流程图

3. 过期药品线上物流网络平台的构建

北京交通大学牵头进行校医院过期药品物流网络平台建设，以建设信息化交大校园，践行学校社会责任意识，向着特色鲜明世界一流大学的目标迈进，主要负责提出绿色环保校园战略方针，监督具体单位落实情况。北京交通大学校医院为具体方案计划的制订及落实方，以全心全意为交大师生服务、节约能耗、绿色环保为理念进行校园过期药品物流网络平台构建工作，包括校园过期药品物流网络平台方案构建、具体方案落实、动态方案检测、系统分析反馈信息等。

1）阶段目标

第一阶段，2017 年 6 月底之前，由校医院牵头完成对现有药品现状的信息统计工作以及历史数据分析工作，完成数据录入及数据分析结论工作。

第二阶段，2017 年 8 月底之前，组建信息平台建设小组，小组长由校医院指派人选，由信息平台小组负责对接软件开发公司，完成信息系统开发、测试并投入使用。

第三阶段，2017 年 10 月之后，信息小组根据大数据反馈，对接软件公司进行改版，适应变化和实际需求的需要，对信息小组人员数量、职能分工、组织架构进行进一步的调整。

第四阶段，组建专门部门，以校医院部门的形式统筹管理历史数据、实时监测和未来发展，形成学校文化。

2）具体目标

过期药品回收物流信息平台能减少环境的污染和资源浪费。从本质上来说，它是为消费者（学生）、校医院、学校以及政府相关部门提供不同层次的信息服务。过期药品回收物流信息平台主要以需求为导向，其建设的具体目标分析如下。

（1）消费者（学生）。

学生借助成熟而开放的过期药品回收物流信息平台，可获取关于过期药品处置的相关法律法规和现状，了解过期药品的危害和相关的补贴标准，查询附近的回收网点以及药品回收总量。

（2）校医院。

作为执行层的校医院是整个平台的中转枢纽，是过期药品回收物流信息系统的管理员，其信息流动量很大，拥有药品信息录入、修改、查询等功能，并且需要通过平台发布过期药品回收的信息，包括药品实时回收情况、回收点信息、回收补偿标准、相关的政策法规及回收的统计信息等，对上述信息进行处理、存储，还需要对回收的过期药品进行归类和分别处理，提供专业化、标准化的回收服务，也是该系统的线下功能的执行层，负责周期性地去回收点回收药品以及分类。

（3）学校。

学校是整个方案的倡议人、发起者，设有相应管理职责部门，该部门拥有该系统的查询功能，也是此次方案的领导层。

（4）政府相关部门。

政府相关部门负责药品回收分类以后的后续操作（回收利用、销毁）。可通过系统实时查询过期药品数量做好准备工作；同时，通过记录、统计的信息，对居家过期药品逆向物流企业进行补贴审核，增强回收工作执行的公开性、透明性，增强消费者（学生）参与的可信性。

过期药品回收物流管理信息系统的模拟界面如图 10-20 所示。

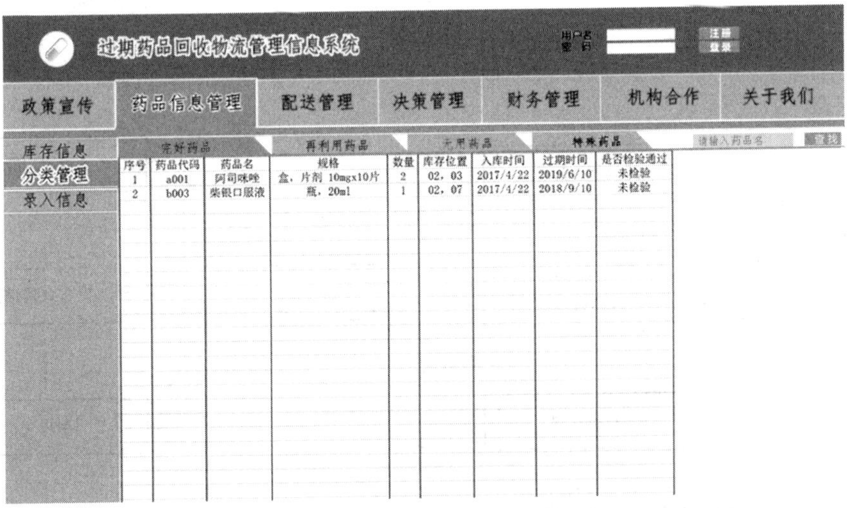

图 10-20　过期药品回收物流管理信息系统的模拟界面

3）需求分析

本系统服务于用户，通过分析各方用户需求来确定平台具体功能开发，明确系统需要完成的功能和任务，可有效提高软件的质量和开发效率。

网络平台建立的需求图如图 10-21～图 10-25 所示，包括政府相关部门模块、校医院模块、校医院执行层模块、学校模块和学生模块。在校医院执行层中，回收的过期药品以及多余药品需要库存管理以及分类管理以便回收；在回收给卫生部门进行后续处理时需要配送管理模块实施实时监控；财务管理系统是指政府部门给予的相关补贴。

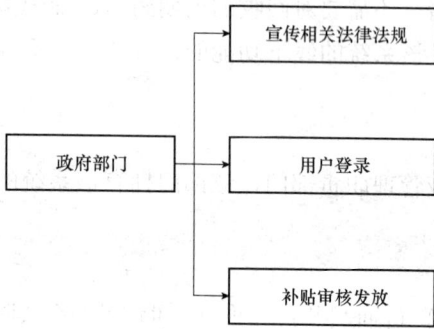

图 10-21　政府相关部门模块

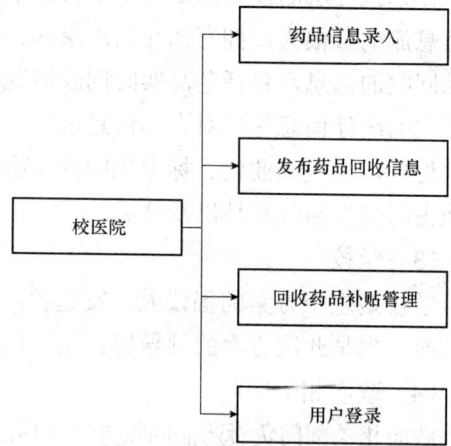

图 10-22　校医院模块

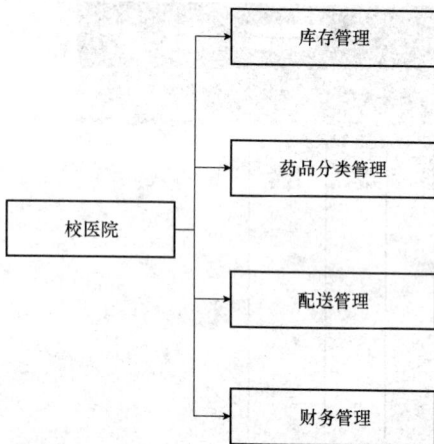

图 10-23　校医院执行层模块

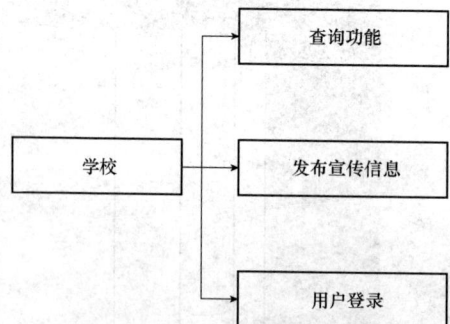

图 10-24　学校模块

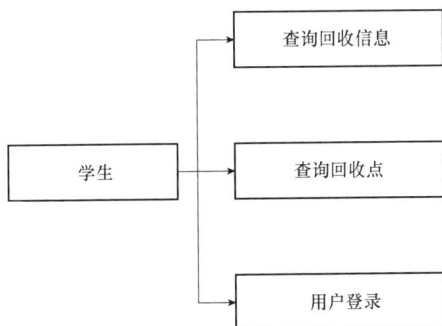

图 10－25 学生模块

4. 过期药品逆向物流信息平台的功能结构

物流信息系统平台功能结构图如图 10－26 所示。

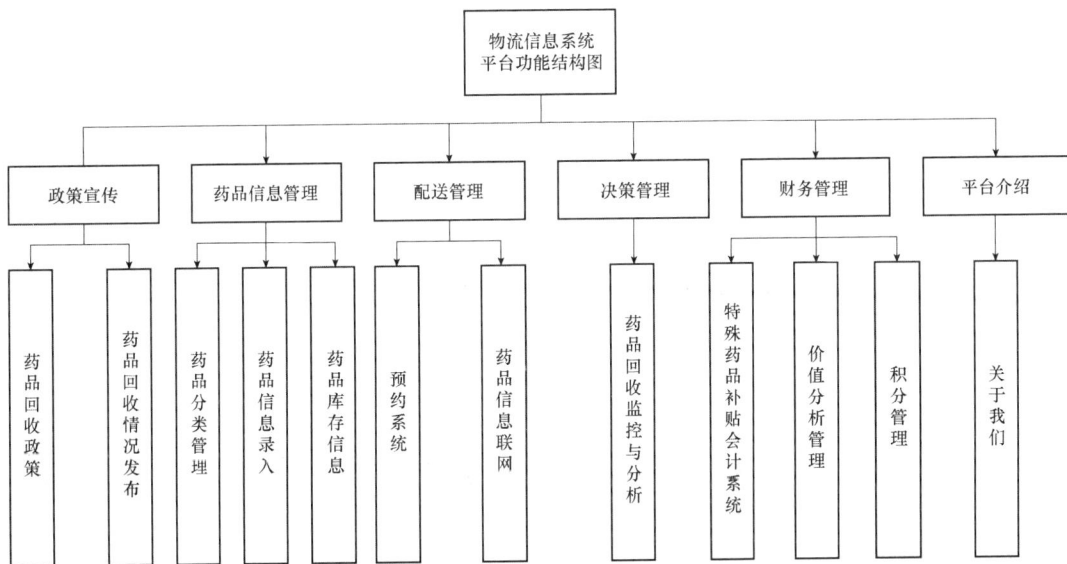

图 10－26 物流信息系统平台功能结构图

1）基本功能

药品信息管理是该平台的核心功能，主要是指通过回收点的 EDI 技术自动录入药品数量以及通过周期性回收手动录入废弃药品数量（包装缺失等原因导致）。药品的库存信息和分类数据为该平台的基本数据。决策分析功能需要对海量历史数据进行积累和分析，建立相关的物流业务数学模型，就可以提供包括药品生命周期分析、药品质量评价等在内的相关信息。在政策宣传模块，政府相关部门、学校以及校医院等可宣传药品回收的相关政策、药品回收处理的标准化流程等信息，校医院还可以把药品回收的价格、分类、服务范围等信息发布到该站点上。

2）其他功能

配送功能主要是利用各大学校的校医院位置信息、运输资源，以及系统里的信息数据和处理点地理位置信息，进行最优化的回收设计，在最优时间内将过期药品取走，使回收成本最低。其主要解决的问题是路线选择、取货的车辆类型、回收顺序，提高了过期药品的分类、回收处理速度，节约了人力、运输、库存等成本。

财务管理功能主要是指在过期药品回收的相关法律政策的建立后，政府、医院及企业可通过居家过期药品逆向物流信息平台实现金融服务，如补贴审核等。

5. 过期药品回收物流信息技术模块设计

1）管理模块设计

（1）数据库管理。

对平台数据，以及主管部门、校医院和消费者等用户的数据进行维护和管理，对重要的数据要进行定期或者不定期的备份。

（2）系统维护管理。

维护平台正常运行，处理平台在使用过程中出现的异常，发现并满足用户提出的性能和功能要求，使平台在运行过程中不断得到改善和提高。

（3）系统权限设置。

对于不同的用户系统设置不同的访问权限，每个用户拥有不同的角色，操作数据的权限也不同。

（4）系统日志管理。

发现并记录平台在运行过程中出现的软件、硬件及系统等方面的问题，监视平台上发生的异常事件，用户或者系统管理人员可根据生成的系统日志检查异常产生的原因，保障系统的正常运行。

（5）系统安全管理。

分析整个平台及各个子系统存在的潜在风险，最大限度地减少安全问题，制订平台实施运行过程中的安全计划，取得最大效益。

2）信息模块设计

（1）物流信息发布。

宣传政府出台的关于居家过期药品的管理、实施方面的政策法规，发布回收点信息，为政府、校医院以及消费者获取过期药品物流相关信息提供支持。

（2）信息查询管理。

根据消费者、校医院和主管部门的权限不同，设置不同的数据信息库，提供查询的功能。

（3）信息统计管理。

利用统计学方法对过期药品物流的信息进行统计分析，生成并提交统计分析报告，便于用户对过期药品物流信息进行分析，得出有效的信息，利于政策的制订和业务的改进。

3）过期药品管理模块设计

（1）过期药品分拣管理。

过期药品的分拣管理主要通过回收点的 EDI 技术已经收集的信息和手动录入的过期药品信息等，对回收的过期药品进行收集、分类、质量检验等处理，以便于政府部门进行过期药品的进一步处理。其中，收集的主要对象是过期药品，药品分类的主要依据是利用专门的检验技术，判断其药品的质量、有效性及安全性有没有发生变化。初步检测的结果非常关键，能够直接影响下一步的处理流程。

（2）过期药品库存管理。

过期药品库存管理与过期药品分拣模块相关联，过期药品分类后，按照一定的标准进行存储管理，过期药品的数量、存放的位置以及处理状态等相关的信息需要保留在平台中，实现与政府相关部门的信息共享，能够及时反馈和更新过期药品的库存信息。

（3）过期药品配运管理。

即把过期药品从校医院发往相关部门的整个库存、运输等过程。

（4）过期药品补贴管理。

校医院将回收的过期药品相关数量录入到信息平台中，由政府相关部门对其进行审核，向其提供财政捐助，以提高回收体系的积极性，保障了消费者的合法权益。

（5）过期药品分类管理。

根据国外先进经验，在符合我国国情以及便于在校内实施的情况下，我们认为过期药品应具备如下几类条件以及处理结果。

① 再利用药品。此类药品不能再重回市场，但是它其中的某些成分还可利用。处理方式是运送至有关部门后，经实验室提取利用。

② 无用药品。此类药品被运送至焚烧医药制品的垃圾处理厂统一处理，一般是焚烧处理。

③ 完好药品。包装完好且未过期的药品经检验后，将被免费送给人道主义组织，

④ 特殊药品。部分药品可回收直接用作花草或者动物用药。

6. 药品出售或回收的新模式

1）药品拆零出售模式

随着我国药品分类管理制度改革的不断深入，以及人民群众购药的需要，拆零药品成为医院药品销售的一个新亮点。北京清华长庚医院等已经开始采用药品拆零模式。

目前高校尚未采用拆零模式的原因有三个方面。一是拆零模式需要耗费人力；二是改革思想不够深入；三是担心药品出现质量问题。针对以上问题本方案通过五层次管理法、智能拆零分包机的方式解决高校医院的担忧。

与传统手工摆药相比，智能拆零机的优点为：储存药品更加卫生，调配药品准确率和效率更高，提高药品盘点的准确度，有助于建立和完善拆零药品的管理系统。

2）网络自动还药机

类似于"网络自动还书机"的模型，结合校园卡、手机等软硬件，使购药环节和现有

的药品经营、诊疗处方等环节完成在线联通，进而实现将购药者通过"网络自动还药机"的还药行为自动登记入药品经营、诊疗处方等程序，实现数据共享。

网络自动还药机分为 EDI 回收箱与普通回收箱。EDI 回收箱可以利用激光扫描技术针对包装完整的药品直接进行药品信息录入工作；普通回收箱用来收集药品包装不完整的药品，再由校医院进行统一药品分类检验。

对于师生的还药行为，"网络自动还药机"还可自动以增加积分的形式计入师生的校园卡中。校园卡中增加的积分可用来购置新药或兑换礼物，校医院增加的积分可依据相关程序，向药监部门或学校申请补贴或其他优惠政策。

10.2.4　案例结论及思考

过期药品对人体有很大危害，同时严重污染环境。目前对于过期药品，除了少数制药厂商回收销毁外，大部分处理方式仍然是在垃圾场露天焚烧，对周围环境污染很严重。药品存放时间过长或存放药品的环境不符合要求，会导致药品的化学成分改变，甚至会使药品分解出一些有害物质等。因此作为大学生，应当积极呼吁建立过期药品回收的长效机制，这对于降低资源浪费、减少环境污染、降低健康隐患、提升高校形象具有战略性意义。本案例首先进行实地调研，了解了各方对于过期药品回收的看法，根据调研结果进行合理分析，通过研究建立数据基础和信息平台，能够对北京交通大学过期药品的相关处理以及减少过期药品提出建设性的建议。

《国家危险废物名录》已将过期药品纳入环境污染源类别。《中华人民共和国药品管理法》第四十九条将"超过有效期的"药品定性为"劣药"，并禁止生产和销售劣药。无论从药品安全还是环境污染的角度来讲，对过期药品的回收问题都应尽快解决。当前，过期药品回收难，主要体现在"无人负责"下的主体缺失，法律明确了"要回收"的原则，但谁来回收，怎么回收，不回收怎么办，都缺乏具体的规定，过期药品的回收和处理存在严重的基础缺陷。长期以来，药品生产、流通和使用管理都保持了高度的延续性，却未能将药品回收纳入其间，使得药品管理未能实现"闭环循环"，而存在巨大空白。当务之急，应通过法律法规的修订，明确政府主管机构、药企、销售机构、公众、社区和公益组织等在过期药回收工作中的具体权责，责任主体归位才能最终建立过期药回收的长效机制。

根据以上案例，回答以下问题。

（1）通过资料查找过期药品的危害。

（2）本案例中的校园过期药品回收网络平台是怎样建立的？

参 考 文 献

[1] 兰洪杰，田源，汝宜红. 物流学：研究与创新 [M]. 北京：电子工业出版社，2011.

[2] 吴理门. 物流案例与分析 [M]. 天津：天津大学出版社，2011.

[3] 章竟，汝宜红. 绿色物流 [M]. 北京：北京交通大学出版社，2017.

[4] 汝宜红. 循环物流系统 [M]. 北京：中国铁道出版社，2009.

[5] 郑凯. 建筑循环物流系统理论与实证研究 [M]. 北京：北京交通大学出版社，2016.

[6] 宋方，蒋长兵，黄顺泉，等. 现代物流案例教学与实例 [M]. 北京：中国物资出版社，2006.

[7] 田凤权. 物流管理案例分析 [M]. 北京：电子工业出版社，2010.

[8] 环境保护部环境工程评估中心. 环境影响评价案例分析 [M]. 北京：中国环境科学出版社，2009.

参考文献